많은 학부모들이 선택한
어휘력 향상의 길잡이

공습국어 초등어휘는 2008년 첫 선을 보인 이래로 많은 학부모와 학생들로부터 남다른 관심과 사랑을 받고 있습니다. 공습국어 초등어휘가 이렇게 짧은 시간 안에 초등 어휘력 학습을 대표하는 교재로서 자리를 잡을 수 있었던 것은 아이들이 부담 없이 재미있게 공부할 수 있도록 교재를 활용 중심으로 최적화하여 구성한 것과 교과서에 나오는 낱말을 다룸으로써 교과 학습과 자연스럽게 연계할 수 있도록 배려한 것이 아닐까 생각합니다.

그런데 단계별로 교재의 수가 적어 서너 달이 지나면 더 이상 단계에 맞는 어휘력 학습을 지속할 수 없는 문제가 있었습니다. 그렇다고 다음 단계로 넘어가는 것도 좀 애매해서 몇 달 동안 이어온 학습 흐름이 끊어질 수밖에 없었습니다.

이번에 추가로 어휘력 교재를 출간하게 된 것은 **각 단계에 맞는 어휘력 학습을 적어도 1년 정도는 꾸준히 진행**할 수 있게 하기 위해서입니다. 이렇게 함으로써 다음 단계를 학습할 때까지의 기간을 최소화하거나 바로 다음 단계로 넘어가더라도 큰 어려움 없이 적응할 수 있을 것입니다.

심화 교재는 기본 교재와는 다른 문제 유형으로 코너를 구성하였습니다. 이는 같은 유형을 반복함으로써 오는 지루함을 없애고 문제 풀이 방법이 관성화되는 것을 막기 위해서입니다. 또한 이미 알고 있는 낱말이라고 하더라도 유형을 달리하여 풀어봄으로써 어휘를 좀 더 풍부하게 활용할 수 있도록 하기 위해서입니다.

주니어김영사는 교재에 대한 질책과 격려 모두를 소중히 받아 안을 것입니다. 항상 열린 자세로 최대한 교재를 효과적으로 이용할 수 있도록 도와드릴 것이며 아울러 더 좋은 교재로 다가가기 위해 노력하겠습니다.

감사합니다.

"
공습국어 초등어휘는 초등 교과서에
나오는 낱말을 중심으로 구성되어 있는
어휘력 프로그램으로,
단순히 낱말의 사전적 의미를 암기하는 것이 아닌
낱말과 낱말 사이의 관계와 낱말의 다양한 쓰임새를
여러 가지 문제 유형을 통해 학습합니다.
"

공습국어 초등어휘 학습 전략

기본과 심화의 연속된 어휘 학습 과정

공습국어 초등어휘는 전 과정이 학년에 따라 나누어져 있습니다. 크게 1·2학년, 3·4학년, 5·6학년 3개의 과정으로 이루어져 있습니다. 그리고 각 과정별로 기본 Ⅰ·Ⅱ·Ⅲ, 심화 Ⅰ·Ⅱ·Ⅲ 단계로 구성되어 있습니다.

과정		단계
1 · 2학년	기본	Ⅰ, Ⅱ, Ⅲ 단계
	심화	Ⅰ, Ⅱ, Ⅲ 단계
3 · 4학년	기본	Ⅰ, Ⅱ, Ⅲ 단계
	심화	Ⅰ, Ⅱ, Ⅲ 단계
5 · 6학년	기본	Ⅰ, Ⅱ, Ⅲ 단계
	심화	Ⅰ, Ⅱ, Ⅲ 단계

기본 단계와 심화 단계는 서로 다른 구성과 학습 목표를 가지고 있습니다. 기본 단계는 낱말이 가지고 있는 기본적인 의미와 다른 낱말과 관계를 파악하는 단계입니다. 심화 단계는 유추와 연상 활동을 통해 낱말이 가지는 다양한 의미를 알고 정확하게 낱말을 읽고 쓰는 단계입니다.

기본 단계와 심화 단계는 서로 동떨어져 있는 것이 아니라 연속된 훈련 단계입니다. 따라서 공습국어 초등어휘를 처음 시작하는 경우는 기본 단계부터 순서대로 학습하는 것이 학습 효과를 극대화할 수 있습니다.

물론 공습국어 초등어휘 기본 단계로 학습한 경험이 있다면 각 과정의 심화 단계를 공부해도 괜찮습니다. 하지만 3·4학년 과정에서 기본 단계를 학습하고 현재 5학년이나 6학년이 되었다면 5·6학년 과정의 심화 단계보다는 5·6학년 과정의 기본 단계부터 시작하거나, 3·4학년 과정의 심화 단계를 한 다음 5·6학년 과정의 기본 단계로 넘어가는 것이 좋습니다.

교과서의 낱말을 다양한 문제 유형을
통해 재미있게 익힌다!

공습국어 초등어휘의 특징

 하나 초등 교과서에 나오는 낱말로 문제 구성

공습국어 초등어휘는 국어, 수학, 사회, 과학 등 초등 전 교과에서 낱말을 발췌하여 문제를 구성하였습니다. 각 회별로 8~10개의 낱말이 교과 영역에 따라 들어 있으며 권당 250~300개 정도의 낱말을 익힐 수 있습니다. 따라서 교재에서 다루고 있는 낱말을 익히다 보면 해당 교과의 내용을 이해하는데 많은 도움이 될 것입니다.

 둘 상황에 따라 낱말이 가지는 복합적 의미 이해

사전에 명시된 낱말의 기본적인 의미뿐만 아니라 상황을 유추하여 적절한 낱말을 찾는 활동, 같은 글자이지만 상황에 따라 전혀 다른 의미를 갖는 낱말을 고르는 활동, 여러 낱말을 보고 공통으로 연상되는 낱말을 찾는 활동을 통해 낱말이 가지는 복합적 의미를 파악하는 데 중점을 두고 학습할 수 있도록 했습니다.

 셋 바른 글쓰기를 위한 맞춤법 훈련

성인들도 글을 쓸 때 잘못된 낱말을 사용하거나 띄어쓰기가 틀리는 경우가 많이 있습니다. 이것은 한글 맞춤법에서 규정하고 있는 몇 가지 원칙만 제대로 이해한다면 충분히 개선할 수 있습니다. 특히 초등 단계에서부터 한글 맞춤법에 대해 의식적으로 알아보고 관련 문제들을 자주 접해 본다면 바르게 글을 쓰는데 큰 자신감을 갖게 될 것입니다. 공습국어 초등어휘에서는 '낱말 쌈 싸먹기' 꼭지를 통해 매회 한글 맞춤법 연습을 할 수 있으며 이러한 맞춤법 연습을 원활하게 할 수 있도록 하기 위해 135쪽에 '한글 맞춤법 알기'를 별도로 마련했습니다.

 넷 재미있고 다양한 문제 유형으로 구성된 학습 과정

공습국어 초등어휘는 여러 가지 문제 유형을 통해 다양하게 낱말을 습득하고 활용할 수 있도록 구성하고 있습니다. 특히 본격적인 문제 풀이에 들어가기 전 낱말 퍼즐 형식의 '가로·세로 낱말 만들기'로 두뇌 워밍업을 할 수 있도록 했으며, 아울러 앞선 회의 낱말도 복습할 수 있도록 했습니다. 또한 '낱말은 쏙쏙! 생각은 쑥쑥!' 꼭지의 문제들은 그림이나 퀴즈 형식을 이용하여 지루하지 않게 공부할 수 있습니다.

교재 구성 한눈에 보기

가로·세로 낱말 만들기

'가로·세로 낱말 만들기'는 본격적인 문제 풀이를 하기 전 가볍게 머리를 풀어보는 준비 단계의 의미와 앞선 회에서 공부한 낱말을 찾아서 만들어 봄으로써 한 번 더 낱말을 익힌다는 복습의 의미를 함께 갖고 있습니다. 적게는 3개 많게는 5개 정도 앞선 회에서 배운 낱말을 주어진 글자와 연결 낱말을 이용해 찾아야 합니다. 낱말 만드는 자세한 방법은 7쪽을 참고해 주세요.

- 주어진 연결 낱말을 이용하여 낱말을 만들어보세요. 단 색이 칠해진 칸에는 낱말을 쓸 수 없습니다.
- 만들어야 할 낱말의 개수와 도전 시간이 표시되어 있고, 만든 낱말의 개수와 걸린 시간을 적습니다.
- 글자를 조합하여 앞선 회에 배운 낱말이 있는지 찾아봅니다.

낱말은 쏙쏙! 생각은 쑥쑥!

어휘력 학습을 본격적으로 시작하는 꼭지입니다. '그림으로 낱말 찾기', '낱말 뜻 알기', '낱말 친구 사총사', '연상되는 낱말 찾기', '짧은 글짓기'의 5개 코너로 구성되어 있습니다.

- **걸린 시간** 해당 단원을 푸는 데 걸린 시간을 적습니다.
- **그림으로 낱말 찾기** 원으로 표시된 그림 부분을 보고 유추할 수 있는 낱말을 보기에서 고릅니다.
- **낱말 뜻 알기** 낱말의 기본 의미를 알아보는 코너로 □ 안의 첫 글자를 보고 알맞은 낱말을 적습니다.

공습국어 초등어휘는 모두 30회 과정이며 각 회별로 '가로·세로 낱말 만들기', '낱말은 쏙쏙! 생각은 쑥쑥!', '낱말 쌈 싸 먹기'의 3가지 꼭지가 있습니다.

낱말 친구 사총사 낱말이 가지는 다양한 의미와 낱말 사이의 관계를 알아보는 코너입니다. 네 친구의 말 중 지시문의 물음에 맞는 것을 고르세요.

그림으로 낱말 찾기 원으로 표시된 그림 부분을 보고 유추할 수 있는 낱말을 보기에서 고릅니다.

짧은 글짓기 문장 형식에 맞게 짧은 문장을 만들어 봅니다. 주어진 낱말이 반드시 들어가도록 문장을 만들어 보세요.

낱말 쌈 싸 먹기

'낱말 쌈 싸 먹기'는 맞춤법, 띄어쓰기 코너를 통해 올바른 낱말 표기를 위해 꼭 알아야 할 규칙을 알아봅니다. 또한 관용어와 한자어 꼭지를 통해 상황에 어울리는 속담이나 격언을 찾고, 문장의 의미에 맞는 한자어나 사자성어를 알아봅니다.

맞춤법 두 낱말 중 맞춤법이 올바른 낱말을 찾거나, 맞춤법이 틀린 낱말을 찾아 바르게 고쳐 써 봅니다.

띄어쓰기 두 낱말 중 띄어쓰기가 올바르게 된 낱말을 고릅니다.

관용어 □를 채워 그림이 표현하는 상황에 어울리는 속담이나 격언 등의 관용어를 만들어 봅니다.

한자어 자연스러운 문장이 되도록 □ 안에 들어갈 알맞은 한자어나 사자성어를 찾아봅니다.

꾸준함이 어휘력을 키우는
가장 좋은 방법입니다!
공습국어 초등어휘의 활용

 처음 일주일 정도는 아이와 함께 하세요

공습국어 초등어휘의 코너 구성과 문제 유형을 아이가 이해할 수 있도록 일주일 정도는 아이와 함께 문제를 풀어보세요. 각각의 문제 유형을 설명해주고, 채점을 통해 아이에게 미진한 부분이 있으면 다시 설명해주면서 아이가 혼자서도 충분히 문제를 해결할 수 있도록 도와주세요.

 꾸준히 학습할 수 있는 환경을 만들어주세요

매일 1회분씩 학습 진도를 나가는 것이 가장 이상적이긴 하지만 현실적으로 불가능한 경우가 많습니다. 따라서 매일이 아니더라도 꾸준히 교재를 볼 수 있도록 학습 스케줄을 잡아 주세요. 이때 부모님이 일방적으로 결정하지 마시고 아이와 충분히 상의하여 가능한 아이의 의견이 반영되도록 해주세요.

 1권부터 순서대로 학습할 수 있도록 해 주세요

공습국어 초등어휘 심화 단계는 문제 유형이나 내용이 기본 단계에 비해 다소 복잡하거나 어렵습니다. 따라서 어휘력 학습을 처음 시작하는 경우라면 기본 단계부터 순서대로 교재를 보는 것이 좋습니다. 물론 이전에 어휘력 교재를 보았거나 국어 실력이 상위권이라면 심화 단계부터 시작해도 괜찮습니다.

 문제 풀이에 걸리는 적정한 시간은 10분 내외입니다

문제를 푸는 데 걸리는 시간은 대략 10분 정도면 충분합니다. 하지만 문제 유형이 익숙하지 않은 초반에는 이보다 시간이 더 걸릴 수도 있습니다. 따라서 일정 기간 동안은 시간에 구애 받지 않고 편하게 문제를 풀면서 교재에 적응할 수 있도록 해 주세요.

 낱말 쌈 싸 먹기 문제는 이렇게 준비해 주세요

'낱말 쌈 싸 먹기' 문제는 한글 맞춤법과 관용어의 의미를 알고 있어야 문제를 해결할 수 있습니다. 따라서 11~12쪽에 있는 '알쏭달쏭 낱말 알기'와 '관용어 알아보기'를 틈틈이 확인해서 그 내용을 아이가 기억할 수 있도록 해주세요.

가로·세로 낱말 만들기는 이렇게 풀어요!

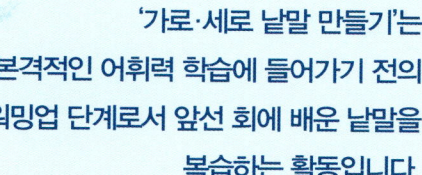

'가로·세로 낱말 만들기'는 본격적인 어휘력 학습에 들어가기 전의 워밍업 단계로서 앞선 회에 배운 낱말을 복습하는 활동입니다.

1회에서는 낱말 만들기를 연습합니다. 이미 만들어야 할 낱말이 제시되어 있는데, 글자 표에서 해당 낱말을 찾아본 다음 낱말 판 안의 낱말을 연결하여 해당 낱말을 만들어 봅니다.

2회부터 실제 낱말 만들기를 하게 되는데 이때 낱말 판 안에 낱말을 만들 때 꼭 알아두어야 할 기본 규칙이 있습니다.

- 낱말 판 안에 제시된 낱말을 연결하여 낱말을 만들어야 합니다.
- 낱말 판 안에 색이 칠해진 칸에는 낱말을 만들 수 없습니다.
- 글자는 한 번만 사용 가능하며 중복하여 사용할 수 없습니다.
- 국어사전에 등재되지 않은 낱말은 쓸 수 없습니다.

이 네 가지 기본 규칙을 꼭 기억해서 낱말을 만들 때 실수하지 않도록 하세요.
그럼 낱말을 만드는 기본 순서를 알아볼까요?

3 낱말 판 안의 낱말에 찾은 낱말을 연결해 봅니다. 기본 규칙에 맞게 낱말을 만들어야 함을 잊지 마세요.

2 표 안에 있는 글자를 조합하여 앞선 회에서 공부한 낱말을 찾아 봅니다.

1 만들어야 할 낱말의 개수가 몇 개인지 확인합니다.

4 만든 낱말의 개수를 적고 제한된 시간 안에 낱말을 만들었는지 확인합니다.

'낱말은 쏙쏙! 생각은 쑥쑥!'은 이렇게 풀어요!

그림으로 낱말 찾기

'그림으로 낱말 찾기'는 사물의 이름이나, 동작 혹은 어떤 상태나 느낌 등을 나타내는 낱말을 그림을 보면서 유추해보는 활동을 하는 꼭지입니다. 동그라미로 표시된 그림 부분이 아래 보기의 낱말 중 어느 것에 해당하는 지 찾아본 다음, 알맞은 낱말을 □ 안에 적습니다. 그림은 보는 사람에 따라 여러 가지 낱말로 만들 수 있기 때문에 반드시 보기에 제시된 낱말 중에서 가장 알맞은 낱말을 선택해야 합니다.

그리고 □ 위에는 낱말이 가리키는 품사가 적혀 있는데 보기 중에 정답으로 쓸 수 있는 낱말이 두 개 이상 있다면 제시된 품사에 맞는 낱말을 적어야 합니다. 참고로 각각의 품사가 가지고 있는 의미는 다음과 같습니다.

- **이름씨** : 사물의 이름을 나타내는 품사
- **움직씨** : 사물의 동작이나 작용을 나타내는 품사
- **그림씨** : 사물의 성질이나 상태를 나타내는 품사
- **어찌씨** : 다른 말 앞에 놓여 그 뜻을 분명하게 나타내는 품사

낱말 뜻 알기

'낱말 뜻 알기'는 낱말의 기본적인 뜻을 알아보는 활동입니다. 낱말의 뜻을 알기 위해서는 설명하고 있는 글의 □를 채워야 하는데, □에는 어떤 특정한 낱말의 첫 글자가 제시되어 있습니다. 제시된 첫 글자와 전체 문장의 내용을 보고 빈 □ 안에 적당한 글자를 써야 합니다.

□에 채워 완성해야 할 낱말을 비교적 쉽고 단순한 낱말들로 되어 있으므로 조금만 생각해보면 □를 채워 문장을 완성할 수 있을 것입니다.

'낱말은 쏙쏙! 생각은 쑥쑥!'에서 각 활동별로 공부하게 되는 낱말들은 '그림으로 낱말 찾기' 활동의 보기에 제시되어 있습니다. 모두 8~10개의 낱말을 공부하게 되는데, 보기에 제시된 낱말을 잘 살펴보면 모든 활동을 어렵지 않게 짧은 시간 안에 끝낼 수 있습니다.

낱말 친구 사총사

'낱말 친구 사총사'에서는 크게 3가지 활동을 하게 됩니다. 첫째는 소리는 같은 글자이지만 뜻이 다른 낱말을 찾는 활동, 둘째는 다른 세 낱말을 포함하는 큰 말을 찾는 활동, 셋째는 문장 안의 일부 구절이 어떤 뜻인지 찾는 활동입니다.

첫째 번 활동을 예를 들자면 '배'라는 낱말의 경우 문장 안에서 과일의 배로 쓰일 수도 있고 타는 배로 쓰일 수도 있습니다. 이때 만약 세 친구는 '타는 배'라는 뜻으로 배를 사용했고, 한 친구만 '과일의 배'라는 뜻으로 배를 사용했다면 셋과 다르게 말한 한 친구를 정답으로 선택합니다.

연상되는 낱말 찾기

'연상되는 낱말 찾기'는 제시된 세 낱말을 보고 공통으로 연상할 수 있는 낱말을 찾아보는 활동입니다. 제시된 세 낱말은 찾아야 할 낱말의 사전적인 의미이거나 조건이나 상태 등을 나타냅니다.

예를 들어 '산', '배낭', '오르다'라는 세 낱말이 주어졌다면 이 세 낱말을 통해 공통으로 연상할 수 있는 낱말로 '등산'을 떠올릴 수 있을 것입니다.

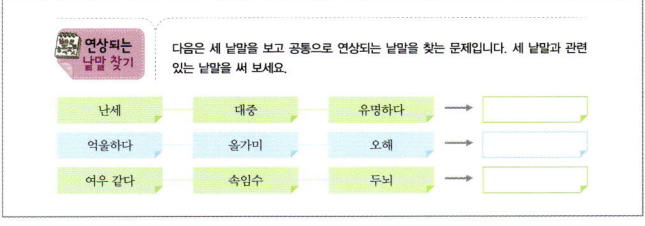

짧은 글짓기

'짧은 글짓기'는 주어진 문장 형식에 맞게 낱말을 넣어 짧은 글을 지어보는 활동입니다. 여러 가지 문장 형식으로 짧은 글을 만들다 보면 낱말이 문장 안에서 쓰일 때 어떻게 활용되는지 확인할 수 있습니다.

만약 '가방'이라는 낱말이 주어지고 이 낱말이 '누가 + 무엇을 + 어떻게 했다'라는 문장 형식을 가진 글에 들어가야 한다면 다음과 같이 문장을 만들 수 있습니다.

아버지께서 가방을 가져갔다.

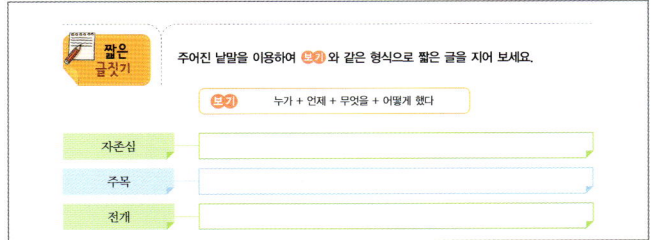

'낱말 쌈 싸 먹기'는 이렇게 풀어요!

'낱말 쌈 싸 먹기'는 맞춤법, 띄어쓰기, 관용어, 한자어와 관련된 문제를 풀게 됩니다. 이 문제들을 풀기 위해서는 다음 쪽에 나오는 '알쏭달쏭 낱말 알기'와 '관용어 알아보기'를 꼼꼼히 읽어 보세요. 문제를 푸는 데 많은 도움이 될 것입니다.

맞춤법

문장 안에 잘못 쓴 낱말을 찾아 바로 고쳐 쓰거나, 두 낱말 중 바르게 쓴 낱말을 찾는 활동입니다. 오른쪽 그림에서처럼 '가까와요, 가까워요' 두 낱말이 주어졌다면 '가까워요'가 바르게 쓴 낱말이므로 '가까워요'에 동그라미를 치면 됩니다. 맞춤법 문제에 나온 낱말은 11쪽 '알쏭달쏭 낱말 알기'에 정리해 놓았으므로 미리 읽어 두세요.

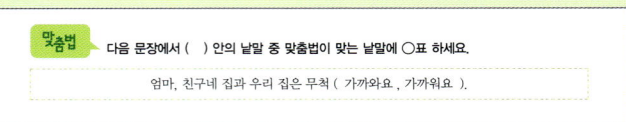

띄어쓰기

굵게 표시된 두 낱말을 중 띄어쓰기가 맞는 것을 찾는 활동입니다. 띄어쓰기 문제를 쉽게 풀기 위해서는 [도움말]을 반드시 읽어보기 바랍니다. [도움말]에는 문제로 나온 낱말을 띄어 써야 할지, 붙여 써야 할지 중요한 힌트가 들어 있기 때문입니다.

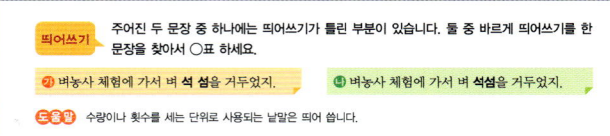

관용어

그림에 제시된 상황과 관련된 속담이나 격언 등의 관용어를 찾는 활동입니다. ☐ 안에 글자를 넣어 관용어를 완성해 보세요. 예를 들어 '☐은 비뚤어져도 ☐은 바로 해라.'라는 문제가 주어졌다면 ☐ 안에 '입', '말'을 적으면 됩니다. 속담이나 격언 등을 잘 모른다면 12쪽 '관용어 알아보기'를 미리 읽어 두세요.

한자어

문장을 읽고 ☐ 안에 들어갈 한자어나 사자성어를 보기에서 찾아 적는 활동입니다. 한자나 사자성어를 잘 모른다면 한자 사전이나 사자성어를 정리해 둔 책을 같이 놓고 문제를 풀기 바랍니다.

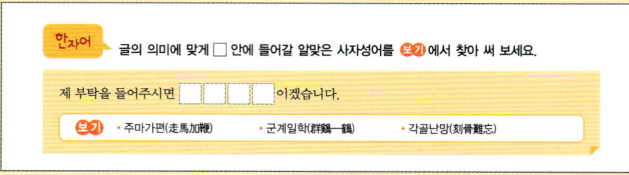

알쏭달쏭 낱말 알기

> 낱말 쌈 싸 먹기의 맞춤법에 나오는 낱말입니다.
> 바르게 쓴 것과 잘못 쓴 것을 잘 비교해서 살펴보세요.

○	×	○	×
기다랗다	길다랗다	긷다	깃다
널빤지	널판지	쩨쩨하다	째째하다
케케묵다	캐캐묵다	메밀국수	매밀국수
늘그막	늙으막	무릅쓰다	무릎쓰다
늠름하다	늠늠하다	홑몸	홀몸
허우대	허위대	미숫가루	미싯가루
더욱이	더우기	알맞은	알맞는
돌잔치	돐잔치	짜깁기	짜집기
두루뭉술하다	두루뭉실하다	볍씨	벼씨
뒤뜰	뒷뜰	삼수갑산	산수갑산
뒤풀이	뒷풀이	사글세	삯월세
등굣길	등교길	예스러운	옛스러운
등쌀	등살	맵시	맵씨
궂다	꽂다	저리다	절이다

관용어 알아보기

> 낱말 쌈 싸 먹기의 관용어에 나오는 속담과 격언입니다.
> 미리 읽어보고 문제를 풀어 보세요.

- **개천에서 용난다** : 변변치 못한 집안이나 변변하지 못한 부모에게서 훌륭한 인물이 나는 경우를 이르는 말.
- **계란으로 바위치기** : 되지도 않는 일에 공연히 힘만 들임.
- **구더기 무서워서 장 못 담근다** : 다소 방해되는 것이 있다 하더라도 마땅히 할 일은 하여야 함.
- **구르는 돌에는 이끼가 끼지 않는다** : 부지런하고 꾸준히 노력하는 사람은 침체되지 않고 계속 발전한다.
- **깊은 물이라야 큰 고기가 논다** : 될 수 있으면 넓고 큰 곳에서 살아야 그 크기에 맞는 일과 능력을 발휘하게 할 수 있다
- **냉수 마시고 이 쑤신다** : 실속은 없으면서도 겉으로는 있는 체 하는 경우를 이르는 말.
- **누울 자리를 봐 가며 발을 뻗어라** : 어떤 일을 할 때 그 결과를 생각하여 미리 살피고 일을 시작하라는 뜻.
- **눈 가리고 아웅한다** : 언젠가 드러날 일을 그 순간 감추려고 얕은 꾀로 속인다.
- **닭 쫓던 개 지붕 쳐다본다** : 애써 하던 일이 실패로 돌아가거나 남보다 뒤떨어져 어찌할 도리가 없이 됨.
- **닭이 소 보듯 소가 닭 보듯 한다** : 있어도 신경 쓰지 않고, 아무 영향이나 피해를 주지 않는 존재여서 무심하게 여김.
- **땅 짚고 헤엄치기** : 일이 매우 쉽거나 의심할 여지가 없이 확실하다.
- **떡 줄 사람은 생각도 않는데 김칫국부터 마신다** : 일이 다 된 것처럼 여기고 미리 기대한다는 뜻.
- **말은 타 봐야 알고 사람은 사귀어 봐야 안다** : 겉으로 보아서는 사람의 됨됨이를 알기 힘들다.
- **말은 해야 맛이고 고기는 씹어야 맛이다** : 하고 싶은 말이나 해야 할 말은 시원히 다 해 버려야 좋다.
- **먹다 죽은 귀신은 혈색도 좋다** : 무엇보다 사람에게 있어서는 먹는 것이 가장 중요하다.
- **모르면 약이요 알면 병이다** : 모르면 차라리 마음이 편하여 좋으나, 좀 알고 있으면 걱정거리가 많아 도리어 해롭다.
- **방귀 뀐 놈이 성낸다** : 잘못을 저지른 쪽에서 오히려 남에게 성냄을 비꼬는 말.
- **번갯불에 콩 볶아 먹는다** : 행동이 매우 민첩하거나 어떤 일을 매우 급하게 처리하는 상태를 뜻함.
- **변덕이 죽 끓는 듯하다** : 말이나 행동을 이랬다저랬다 함.
- **부뚜막의 소금도 집어넣어야 짜다** : 조건이 좋거나 손쉬운 일이라도 힘을 들이어 이용하거나 하지 않으면 안 됨.
- **빈대 잡으려다 초가삼간 태운다** : 작은 일을 하려다가 큰일까지 그르침.
- **사돈 남 나무란다** : 자기도 같은 잘못을 했으면서 제 잘못은 제쳐 두고 남의 잘못만 나무란다.
- **산에 가야 범을 잡는다** : 어떤 일을 이루기 위해서는 직접 부딪쳐 실행해야 한다.
- **설마가 사람 잡는다** : 그럴 리야 없을 것이라 마음을 놓거나 요행을 바라는 데에서 탈이 난다는 뜻.
- **손바닥으로 하늘 가리기** : 문제를 근본적으로 해결하기보다는 덮어버리는 식으로 해결한다.
- **손뼉도 마주쳐야 소리가 난다** : 무슨 일이나 상대가 같이 응해야지 혼자서만 해서는 잘되는 것이 아니라는 뜻.
- **십 년이면 강산도 변한다** : 세월이 흐르게 되면 모든 것이 다 변하게 됨.
- **언 발에 오줌 누기** : 임시변통은 될지 모르나 그 효력이 오래가지 못하고 결국에는 사태가 더 나빠짐.
- **열 길 물속은 알아도 한 길 사람 속은 모른다** : 사람의 마음은 헤아리기 어렵다는 뜻.
- **참을 인자 셋이면 살인도 면한다** : 아무리 어려운 일이 있거나 분한 일이 있더라도 꼭 참는 것이 가장 좋다.

차례
Contents

5·6학년 심화 Ⅱ

01회	015
02회	019
03회	023
04회	027
05회	031
06회	035
07회	039
08회	043
09회	047
10회	051
11회	055
12회	059
13회	063
14회	067
15회	071

16회	075
17회	079
18회	083
19회	087
20회	091
21회	095
22회	099
23회	103
24회	107
25회	111
26회	115
27회	119
28회	123
29회	127
30회	131

**부록	한글 맞춤법 알아보기**	135
정답과 해설	

공습국어를 시작하며

이제 본격적인 어휘력 공부를 시작하게 돼요.
크게 숨을 한 번 내쉬면서 마음을 가다듬어 보세요.
책을 끝까지 볼 수 있을까? 문제가 어렵지는 않을까? 하는 걱정이
들기도 하겠지만 막상 시작해보면 괜한 걱정이었다 싶을 거예요.
한 번에 밥을 많이 먹으면 탈이 날 수 있는 것처럼
하루에 1회씩만 꾸준히 풀어 보세요.
그러다 보면 어느새 어휘력이
무럭무럭 자라나 있는 걸 볼 수 있을 거예요.
자 그럼 이제 출발해 볼까요?

가로·세로 낱말 만들기

 낱말 만들기 연습을 해 보세요.

			지	반			
	승	인					

동	구	대	간	지
인	착	무	반	승

★ 만들어야 할 낱말 : 착지, 반동, 지구, 구간, 인대, 승무
★ 낱말 만들기 방법은 7쪽을 참고하세요.

| 낱말 영역 | |
| 걸린 시간 | 분 초 |

 **그림으로 낱말 찾기**

지시선이 가리키는 그림을 보고 사물의 이름이나 행동, 상태 등에 해당하는 낱말을 보기 에서 찾아 ☐ 안에 쓰세요.

❶ 움직씨
❷ 움직씨
❸ 움직씨
❹ 이름씨
❺ 이름씨

보기 · 탁발하다 · 정자 · 감흥 · 파업 · 자취하다 · 협상하다 · 독극물 · 동포 · 취학 · 선비

 **낱말 뜻 알기**

☐ 안에는 어떤 낱말의 첫 글자가 쓰여 있습니다. 이 첫 글자를 참고하여 ☐에 알맞은 말을 넣어 낱말 풀이를 완성해 보세요.

❶ **탁발하다** : 도를 닦는 승☐가 경문(經文)을 외면서 집집마다 다니며 동☐하다.
❷ **정자** : 경☐가 좋은 곳에 놀거나 쉬기 위하여 지은 집.
❸ **파업** : 자신들의 주☐을 관철하고자 노☐들이 집단적으로 한꺼번에 작☐을 중지하는 일.
❹ **자취하다** : 손☐ 밥을 지어 먹으면서 생☐하다.
❺ **취학** : 교☐을 받기 위하여 학☐에 들어감.

낱말 친구 사총사

다음 밑줄 친 낱말의 뜻이 다른 셋과 같지 않은 것은 어느 것인지 번호를 고르세요.

① **자취**든 하숙이든 가정에서 독립하면 힘들어.

② 부지런한 사람이 **자취** 생활을 잘해.

③ **자취**방은 햇볕이 잘 들고 통풍이 잘 되는 곳이어야만 해.

④ 홍길동은 **자취**를 남기지 않고 연기처럼 사라졌어.

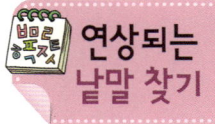
연상되는 낱말 찾기

다음은 세 낱말을 보고 공통으로 연상되는 낱말을 찾는 문제입니다. 세 낱말과 관련 있는 낱말을 써 보세요.

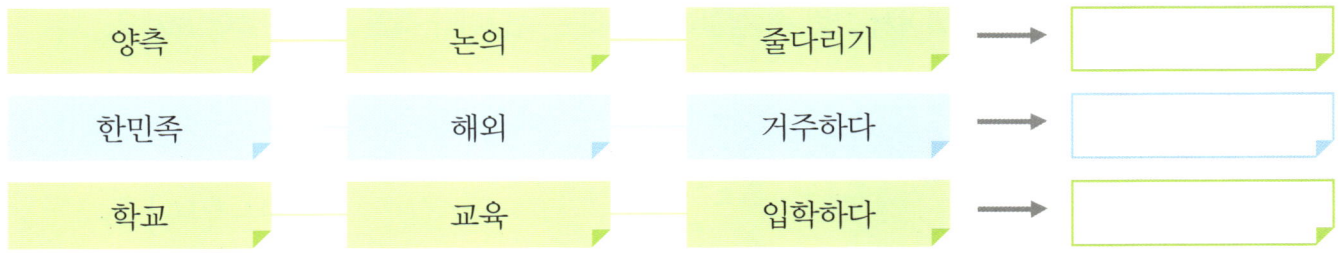

짧은 글짓기

주어진 낱말을 이용하여 보기 와 같은 형식으로 짧은 글을 지어 보세요.

보기   어디서 + 왜 + 무엇을 + 어떻게 하자

정자

독극물

선비

낱말 쌈 싸 먹기

알쏭달쏭 헷갈리는 맞춤법, 띄어쓰기, 관용어, 한자어가 이제 한입에 쏙!
하루에 한 쪽씩 맛있게 냠냠 해치우자!

맞춤법
다음 문장에서 ( ) 안의 낱말 중 맞춤법이 맞는 낱말에 ○표 하세요.

아빠가 사 온 의자가 매우 (기다랗다 , 길다랗다)

띄어쓰기
주어진 두 문장 중 하나에는 띄어쓰기가 틀린 부분이 있습니다. 둘 중 바르게 띄어쓰기를 한 문장을 찾아서 ○표 하세요.

㉮ 삼촌이 담근 **총각무** 김치가 가장 맛있어요.   ㉯ 삼촌이 담근 **총각 무** 김치가 가장 맛있어요.

도움말: 두 낱말이 합쳐져 하나의 낱말이 된 경우에는 붙여 씁니다.

관용어
□ 안에 낱말을 넣어서 그림 속 상황과 어울리는 속담이나 격언 등을 만들어 보세요.

열 길 □ 속은 알아도
한 길 □□의 속은
모른다

한자어
글의 의미에 맞게 □ 안에 들어갈 알맞은 사자성어를 보기 에서 찾아 써 보세요.

이제 그만 □□□□ 하고 일자리를 찾아보는 게 어때?

보기: • 호의호식(好衣好食)   • 무위도식(無爲徒食)   • 산해진미(山海珍味)

공부를 시작하기 전에 가볍게 머리를 풀어 보아요!

가로·세로 낱말 만들기

 주어진 글자를 연결하여 **01**회에 공부한 낱말을 만들어 보세요.

		독	감	자	발		

물	흥	탁	정	취
발	극	자	독	감

- ★ 도전 시간 | **2분**
- ★ 만들 낱말 수 | **5개**
- ★ 만든 낱말 수 | 개

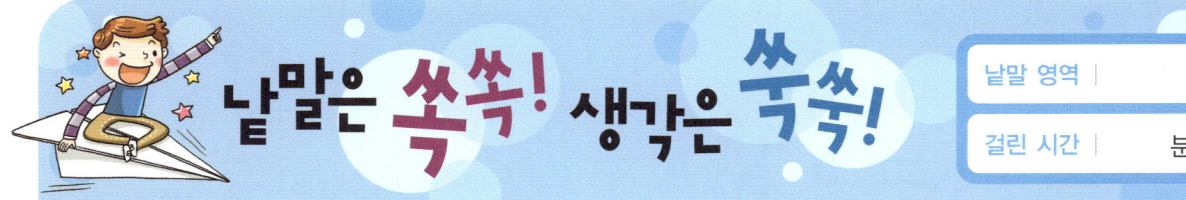

낱말 영역	
걸린 시간	분 초

 **그림으로 낱말 찾기**

지시선이 가리키는 그림을 보고 사물의 이름이나 행동, 상태 등에 해당하는 낱말을 보기 에서 찾아 □ 안에 쓰세요.

❶ 이름씨
❷ 이름씨
❸ 이름씨
❹ 이름씨
❺ 이름씨

보기 • 정보화 • 첨단 • 인공위성 • 원자재 • 인터넷 • 생명 공학 • 조상 • 민속 • 문화재 • 건국하다

 **낱말 뜻 알기**

□ 안에는 어떤 낱말의 첫 글자가 쓰여 있습니다. 이 첫 글자를 참고하여 □에 알맞은 말을 넣어 낱말 풀이를 완성해 보세요.

❶ **정보화** : 지□ 과 자료 따위를 정보의 형태로 가□ 하여 가치의 생□ 을 중심으로 사회나 경제가 발전되어 감.

❷ **첨단** : 물체의 뾰□ 한 끝. 또는 시대, 사조, 학문, 유□ 등의 맨 앞장.

❸ **인공위성** : 행□ 둘레를 돌도록 로□ 을 이용하여 쏘아 올린 인공의 장치.

❹ **원자재** : 공□ 생산의 원□ 가 되는 자재.

❺ **인터넷** : 전 세계의 컴퓨터가 서로 연□ 되어 정□ 를 교환할 수 있는, 하나의 거대한 컴퓨터 통□ .

 다음 밑줄 친 낱말 중 다른 세 낱말과 관계가 먼 낱말을 말하는 친구를 고르세요.

 ① 제사는 **조상**을 기리는 의식이야.

 ② 최근 시장에서 **원자재** 가격이 많이 올라갔대.

 ③ 명절에 할 수 있는 재미있는 **민속**놀이를 많아.

 ④ **문화재**를 아끼고 보전하는 것은 우리의 임무야.

 다음은 세 낱말을 보고 공통으로 연상되는 낱말을 찾는 문제입니다. 세 낱말과 관련 있는 낱말을 써 보세요.

생물	유전자	자연 과학	→	
유물	유적	보호	→	
나라	단군	세우다	→	

 주어진 낱말을 이용하여 보기 와 같은 형식으로 짧은 글을 지어 보세요.

보기 누가 + 왜 + 무엇을 + 어떻게 한다

인공위성	
인터넷	
생명 공학	

낱말 쌈 싸 먹기

알쏭달쏭 헷갈리는 맞춤법, 띄어쓰기, 관용어, 한자어가 이제 한입에 쏙!
하루에 한 쪽씩 맛있게 냠냠 해치우자!

맞춤법 다음 문장에서 맞춤법이 틀린 낱말을 찾아 바르게 고쳐 써 보세요.

너라면 어느 널판지를 고르겠니?　　　　(　　　　) → (　　　　)

띄어쓰기 주어진 두 문장 중 하나에는 띄어쓰기가 틀린 부분이 있습니다. 둘 중 바르게 띄어쓰기를 한 문장을 찾아서 ○표 하세요.

㉮ 김연아 선수가 올림픽에서 **금메달**을 땄다.　　㉯ 김연아 선수가 올림픽에서 **금 메달**을 땄다.

도움말 '금으로 만들거나 금으로 도금한 메달'이라는 뜻을 가진 한 낱말입니다.

관용어 □ 안에 낱말을 넣어서 그림 속 상황과 어울리는 속담이나 격언 등을 만들어 보세요.

□□□ 무서워서
□ 못 담글까

한자어 글의 의미에 맞게 □ 안에 들어갈 알맞은 한자어를 보기에서 찾아 써 보세요.

깊은 산속의 □□ 에는 자신을 □□ 하고 도를 닦는 분들이 많이 계시지.

보기 ・絕望　・家庭　・寺院　・省察

가로·세로 낱말 만들기

 주어진 글자를 연결하여 **02** 회에 공부한 낱말을 만들어 보세요.

		민	원			화	
						단	

화	자	단	민	재
첨	정	속	원	보

★ 도전 시간 | **2분**
★ 만들 낱말 수 | **4개**
★ 만든 낱말 수 | 개

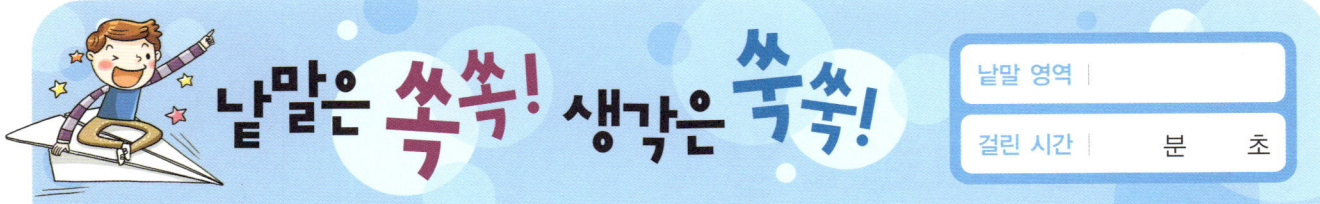

낱말 영역	
걸린 시간	분 초

 **그림으로 낱말 찾기**

지시선이 가리키는 그림을 보고 사물의 이름이나 행동, 상태 등에 해당하는 낱말을 **보기**에서 찾아 □ 안에 쓰세요.

❶ 이름씨
❷ 이름씨
❸ 이름씨
❹ 이름씨
❺ 이름씨

보기 • 화산   • 용암   • 현무암   • 화강암   • 회로   • 전류   • 직렬   • 병렬   • 누전   • 전구

 **낱말 뜻 알기**

□ 안에는 어떤 낱말의 첫 글자가 쓰여 있습니다. 이 첫 글자를 참고하여 □에 알맞은 말을 넣어 낱말 풀이를 완성해 보세요.

❶ **화산** : 땅속에 있는 □가□, 마그마 등이 지각의 터진 틈을 통하여 □지□로 분출하는 지점. 또는 그러한 구조.

❷ **용암** : 화산의 □분□□에서 분출된 마그마.

❸ **병렬** : □나□□ 늘어섬.

❹ **전류** : 전하가 □연□□으로 이동하는 □현□. 도체 내부의 전위가 높은 곳에서 낮은 곳으로 흐름.

❺ **회로** : □전□가 흐르는 통로.

 다음 밑줄 친 낱말 중 세 낱말과 거리가 먼 낱말을 말하는 친구를 고르세요.

①  건축용 재료로는 단단한 **화강암**이 제격이야.

②  **현무암**의 숭숭 뚫린 구멍이 너무나 신기해.

③  마그마가 지표 밖으로 나와서 굳으면 **용암**이 된대.

④  대웅전 뒤편에는 자그마한 **보리암**이 위치하고 있어.

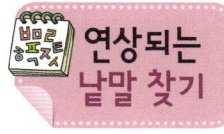 다음은 세 낱말을 보고 공통으로 연상되는 낱말을 찾는 문제입니다. 세 낱말과 관련 있는 낱말을 써 보세요.

전기	에너지	통로	→	
전기	새다	사고	→	
전류	유리알	빛나다	→	

 주어진 낱말을 이용하여 보기와 같은 형식으로 짧은 글을 지어 보세요.

보기: 언제 + 왜 + 무엇을 + 어떻게 해야 한다

전류	
직렬	
병렬	

낱말 쌈 싸 먹기

알쏭달쏭 헷갈리는 맞춤법, 띄어쓰기, 관용어, 한자어가 이제 한입에 쏙!
하루에 한 쪽씩 맛있게 냠냠 해치우자!

맞춤법 다음 문장에서 ( ) 안의 낱말 중 맞춤법이 맞는 낱말에 ○표 하세요.

우리 학교의 (케케묵은 , 캐캐묵은) 시설들을 새롭게 단장하겠습니다.

띄어쓰기 주어진 두 문장 중 하나에는 띄어쓰기가 틀린 부분이 있습니다. 둘 중 바르게 띄어쓰기를 한 문장을 찾아서 ○표 하세요.

㉮ **맡은 바** 임무에 최선을 다해 주세요.

㉯ **맡은바** 임무에 최선을 다해 주세요.

도움말 의존명사는 앞말과 띄어 씁니다.

관용어 □ 안에 낱말을 넣어서 그림 속 상황과 어울리는 속담이나 격언 등을 만들어 보세요.

참을 □ 자 셋이면
살인도 피한다

한자어 글의 의미에 맞게 □ 안에 들어갈 알맞은 사자성어를 보기 에서 찾아 써 보세요.

떡볶이가 맛있기로 소문난 그 집은 항상 □□□□ 를 이룬다.

보기 • 문전성시(門前成市)   • 삼십육계(三十六計)   • 일사천리(一瀉千里)

가로·세로 낱말 만들기

 주어진 글자를 연결하여 **03** 회에 공부한 낱말을 만들어 보세요.

			암				
			전				

암	로	전	용	누
류	현	회	구	무

★ 도전 시간 | 1분
★ 만들 낱말 수 | 6개
★ 만든 낱말 수 | 　 개

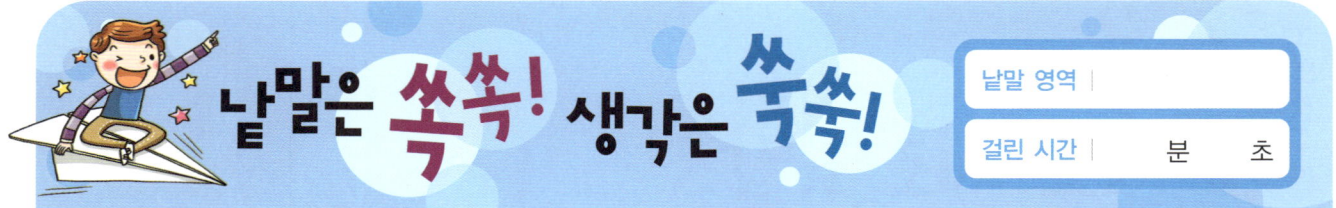

낱말 영역	
걸린 시간	분 초

 **그림으로 낱말 찾기**

지시선이 가리키는 그림을 보고 사물의 이름이나 행동, 상태 등에 해당하는 낱말을 **보기** 에서 찾아 ☐ 안에 쓰세요.

❶ 이름씨 ☐☐☐
❷ 이름씨 ☐☐☐☐
❸ 이름씨 ☐☐
❹ 이름씨 ☐☐☐

보기 • 진분수 • 대분수 • 소수 • 합동 • 대응변 • 대응각 • 대칭 • 사다리꼴 • 마름모 • 평균

 **낱말 뜻 알기**

☐ 안에는 어떤 낱말의 첫 글자가 쓰여 있습니다. 이 첫 글자를 참고하여 ☐에 알맞은 말을 넣어 낱말 풀이를 완성해 보세요.

❶ **진분수** : 분☐의 값이 분☐보다 작은 분수.
❷ **대분수** : 정☐와 진☐☐의 합으로 이루어진 수.
❸ **소수** : 0보다 크고 1보다 작은 실☐. 0 다음에 점을 찍어 나타냄.
❹ **사다리꼴** : 한 쌍의 마주 보는 변이 평☐한 사각형.
❺ **마름모** : 네 변의 길☐가 같고, 두 쌍의 마주 보는 변이 평☐한 사각형.

 **낱말 친구 사총사**

다음 밑줄 친 낱말의 뜻이 다른 셋과 같지 <u>않은</u> 것은 어느 것인지 번호를 고르세요.

 ① 우리 동네 학원은 **소수** 정예로 운영돼.

 ② **소수**는 아라비아 숫자 0이 꼭 들어가는 모양이네.

 ③ 다수결이 원칙이지만 **소수** 의견도 존중해야 돼.

 ④ 중국은 다양한 **소수** 민족들이 공존하고 있어.

 **연상되는 낱말 찾기**

다음은 세 낱말을 보고 공통으로 연상되는 낱말을 찾는 문제입니다. 세 낱말과 관련 있는 낱말을 써 보세요.

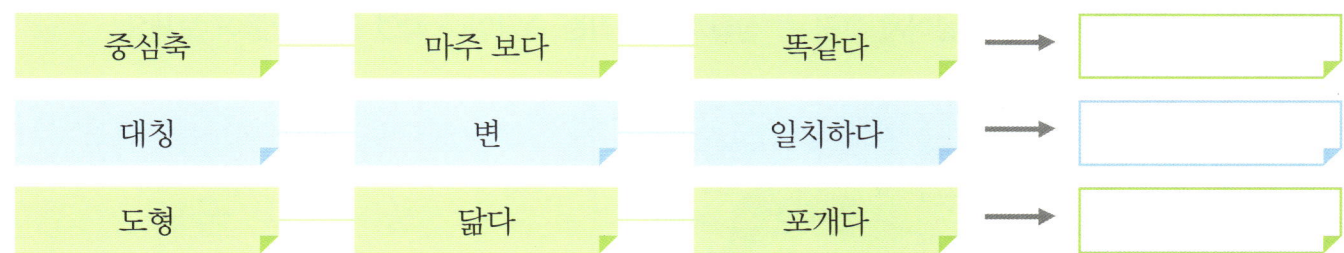

중심축	마주 보다	똑같다	→	
대칭	변	일치하다	→	
도형	닮다	포개다	→	

 **짧은 글짓기**

주어진 낱말을 이용하여 보기 와 같은 형식으로 짧은 글을 지어 보세요.

보기 언제 + 누가 + 왜 + 무엇을 + 어떻게 했다

합동	
마름모	
평균	

낱말 쌈 싸 먹기

알쏭달쏭 헛갈리는 맞춤법, 띄어쓰기, 관용어, 한자어가 이제 한입에 쏙!
하루에 한 쪽씩 맛있게 냠냠 해치우자!

맞춤법
다음 문장에서 맞춤법이 틀린 낱말을 찾아 바르게 고쳐 써 보세요.

우리 할머니는 시골에서 늙으막을 보내고 계신다.　　(　　　　　) → (　　　　　)

띄어쓰기
주어진 두 문장 중 하나에는 띄어쓰기가 틀린 부분이 있습니다. 둘 중 바르게 띄어쓰기를 한 문장을 찾아서 ○표 하세요.

㉮ 보영이는 **눈 웃음**을 지었다.　　　㉯ 보영이는 **눈웃음**을 지었다.

도움말 '소리 없이 눈으로만 가만히 웃는 웃음'이라는 뜻을 가진 한 낱말입니다.

관용어
□ 안에 낱말을 넣어서 그림 속 상황과 어울리는 속담이나 격언 등을 만들어 보세요.

(삼촌, 이번 어린이날에 모형 비행기 선물을 받고 싶어요.)
(허허, 내 계획에 없는 일인데……, 어떡한다니?)

□ 줄 사람은 꿈도 안 꾸는데 □□□ 부터 마신다

한자어
글의 의미에 맞게 □ 안에 들어갈 알맞은 한자어를 보기 에서 찾아 써 보세요.

국어 □□ 에서 일일이 □□ 를 찾아보며 공부하는 것이 좋겠다.

보기　• 辭典　• 映畵　• 粉筆　• 單語

가로·세로 낱말 만들기

 주어진 글자를 연결하여 **04**회에 공부한 낱말을 만들어 보세요.

			변		수		
			동		평		

동	대	변	수	균
칭	평	소	합	응

★ 도전 시간 | **1분**
★ 만들 낱말 수 | **5개**
★ 만든 낱말 수 | **　개**

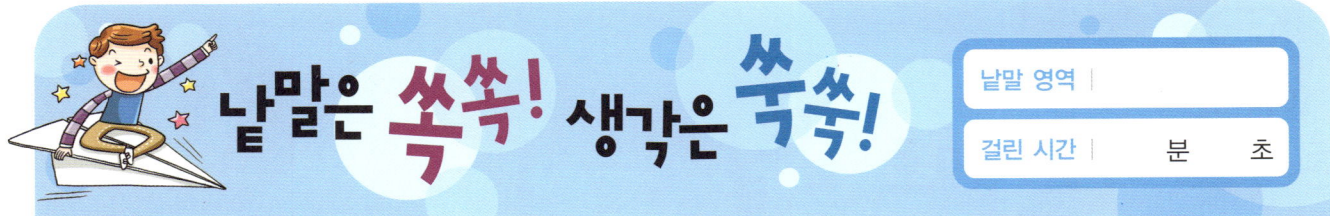

 **그림으로 낱말 찾기**

지시선이 가리키는 그림을 보고 사물의 이름이나 행동, 상태 등에 해당하는 낱말을 보기 에서 찾아 □ 안에 쓰세요.

❶ 이름씨

❷ 이름씨

❸ 이름씨

❹ 이름씨

❺ 이름씨

❻ 이름씨

보기 • 독립 • 민족 • 평화통일 • 부강 • 이산가족 • 문화 • 아시아 • 유럽 • 아메리카 • 아프리카

 **낱말 뜻 알기**

□ 안에는 어떤 낱말의 첫 글자가 쓰여 있습니다. 이 첫 글자를 참고하여 □에 알맞은 말을 넣어 낱말 풀이를 완성해 보세요.

❶ **민족** : 오랜 세월 동안 공동생활을 하면서 언[　] 와 문[　] 상의 공통성에 기초하여 역사적으로 형성된 사회 집단.

❷ **평화통일** : 전[　] 에 의하지 아니하고 평[　] 적인 방법으로 이루는 통일.

❸ **이산가족** : 남북 분[　] 등의 사정으로 이리저리 흩어져서 서로의 소[　] 을 모르는 가족.

❹ **독립** : 다른 것에 예[　] 하거나 의[　] 하지 아니하는 상태로 됨.

❺ **부강** : 부[　] 하고 강함.

 **낱말 친구 사총사**

다음 밑줄 친 낱말 중 다른 셋을 포함하는 큰 말에 해당하는 낱말을 고르세요.

①  오늘날 **세계**는 지구촌이라 할 만큼 경계가 없어.

②  대학생이 되면 꼭 **유럽**으로 배낭여행을 갈 거야.

③  미국은 **아메리카** 대륙에 속해 있어.

④  **아프리카**는 동물의 왕국이라 할 수 있어.

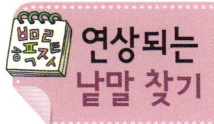 **연상되는 낱말 찾기**

다음은 세 낱말을 보고 공통으로 연상되는 낱말을 찾는 문제입니다. 세 낱말과 관련 있는 낱말을 써 보세요.

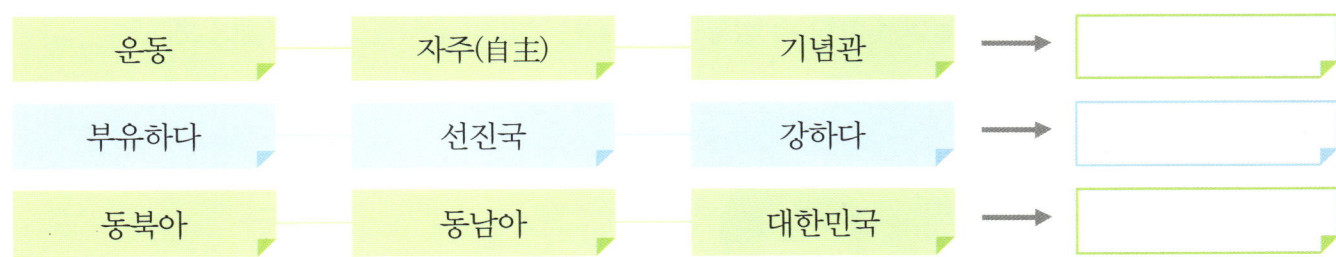

운동	자주(自主)	기념관	→	
부유하다	선진국	강하다	→	
동북아	동남아	대한민국	→	

 **짧은 글짓기**

주어진 낱말을 이용하여 보기 와 같은 형식으로 짧은 글을 지어 보세요.

> 보기 누가 + 언제 + 왜 + 무엇을 + 어떻게 해야 한다

평화통일	
이산가족	
문화	

낱말 쌈 싸 먹기

알쏭달쏭 헛갈리는 맞춤법, 띄어쓰기, 관용어, 한자어가 이제 한입에 쏙!
하루에 한 쪽씩 맛있게 냠냠 해치우자!

맞춤법 다음 문장에서 ( ) 안의 낱말 중 맞춤법이 맞는 낱말에 ○표 하세요.

장군 차림을 한 네 모습이 (늠늠 , 늠름)하구나.

띄어쓰기 주어진 두 문장 중 하나에는 띄어쓰기가 틀린 부분이 있습니다. 둘 중 바르게 띄어쓰기를 한 문장을 찾아서 ○표 하세요.

㉮ 영우가 축구를 **곧잘** 하네요.

㉯ 영우가 축구를 **곧 잘** 하네요.

도움말 '제법 잘' 이라는 뜻을 가진 한 낱말입니다.

관용어 □ 안에 낱말을 넣어서 그림 속 상황과 어울리는 속담이나 격언 등을 만들어 보세요.

□□□의
□□도
집어넣어야 짜다

한자어 글의 의미에 맞게 □ 안에 들어갈 알맞은 사자성어를 보기 에서 찾아 써 보세요.

우리 사회의 범죄를 □□□□ 하여 안심하고 살 수 있도록 하겠습니다.

보기
- 여리박빙(如履薄氷)
- 발본색원(拔本塞源)
- 수주대토(守株待兔)

가로·세로 낱말 만들기

06

 주어진 글자를 연결하여 05 회에 공부한 낱말을 만들어 보세요.

		이					
		유					
			부	화			

강	가	화	족	유
이	럽	부	문	산

★ 도전 시간 | **1분**

★ 만들 낱말 수 | **4개**

★ 만든 낱말 수 | 개

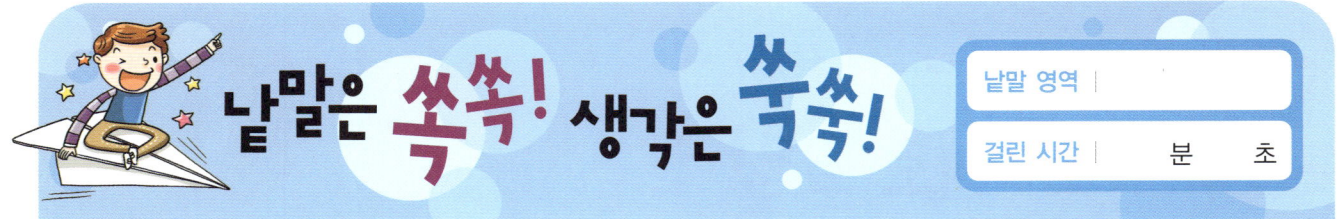

 **그림으로 낱말 찾기**

지시선이 가리키는 그림을 보고 사물의 이름이나 행동, 상태 등에 해당하는 낱말을 보기에서 찾아 □ 안에 쓰세요.

❶ 이름씨

❷ 이름씨

❸ 움직씨

❹ 이름씨

❺ 이름씨

❻ 이름씨

보기 • 전기 • 전자 • 배선 • 전압 • 드라이버 • 로봇 • 바느질하다 • 뜨개질하다 • 직물 • 부직포

낱말 뜻 알기

□ 안에는 어떤 낱말의 첫 글자가 쓰여 있습니다. 이 첫 글자를 참고하여 □에 알맞은 말을 넣어 낱말 풀이를 완성해 보세요.

❶ **배선** : 여러 가지 전기 장치를 전□으로 연□하는 일.
❷ **전압** : 전기장이나 도□ 안에 있는 두 점 사이의 전기적인 위□ 에너지 차.
❸ **로봇** : 어떤 작업이나 조작을 자□적으로 하는 기□ 장치.
❹ **바느질하다** : 바□에 실을 꿰어 옷 따위를 짓거나 꿰매다.
❺ **부직포** : 접□□나 섬유들의 엉□을 이용하여 서로 접□한 천.

 낱말 친구 사총사

다음 보기 의 글에서 밑줄 친 말이 뜻하는 것을 올바르게 말하고 있는 친구는 누구인지 고르세요.

보기 운동에 젬병인 영호가 무용 시간에 **로봇처럼 움직여서** 다들 배꼽을 잡았어.

①  어른의 말씀이나 지시를 잘 따른다는 뜻이야.

②  자동으로 움직였다는 뜻이야.

③  아주 똑똑하고 영리하게 행동한다는 뜻이야.

④  몸이 뻣뻣하고 부자연스럽다는 뜻이야.

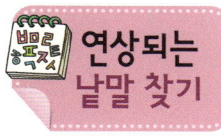 연상되는 낱말 찾기

다음은 세 낱말을 보고 공통으로 연상되는 낱말을 찾는 문제입니다. 세 낱말과 관련 있는 낱말을 써 보세요.

공구	십자	조이다	→	
털실	수예	취미	→	
실	천	꿰매다	→	

 짧은 글짓기

주어진 낱말을 이용하여 보기 와 같은 형식으로 짧은 글을 지어 보세요.

보기 언제 + 왜 + 무엇을 + 어떻게 하자

전기	
배선	
전압	

낱말 쌈 싸 먹기

알쏭달쏭 헷갈리는 맞춤법, 띄어쓰기, 관용어, 한자어가 이제 한입에 쏙!
하루에 한 쪽씩 맛있게 냠냠 해치우자!

맞춤법
다음 문장에서 맞춤법이 틀린 낱말을 찾아 바르게 고쳐 써 보세요.

허위대만 좋으면 뭐하니? 실속이 있어야지.　　(　　　　) → (　　　　)

띄어쓰기
주어진 두 문장 중 하나에는 띄어쓰기가 틀린 부분이 있습니다. 둘 중 바르게 띄어쓰기를 한 문장을 찾아서 ○표 하세요.

㉮ **어버이 날**에는 우리들이 청소를 할게요.

㉯ **어버이날**에는 우리들이 청소를 할게요.

도움말: '어버이'와 '날'이 합쳐진 한 낱말입니다.

관용어
□ 안에 낱말을 넣어서 그림 속 상황과 어울리는 속담이나 격언 등을 만들어 보세요.

구르는 □ 에는 □□ 가 끼지 않는다

한자어
글의 의미에 맞게 □ 안에 들어갈 알맞은 한자어를 보기 에서 찾아 써 보세요.

미국이 참전할 것을 □□ 하자 영국, 프랑스 등 연합국들은 일제히 □□ 의 뜻을 밝혔다.

보기: ・批判　・記錄　・宣布　・歡迎

 # 가로·세로 낱말 만들기

 주어진 글자를 연결하여 **06**회에 공부한 낱말을 만들어 보세요.

			질	부		전	
						선	

포	선	질	압	직
개	부	전	뜨	배

★ 도전 시간 | **1분**
★ 만들 낱말 수 | **4개**
★ 만든 낱말 수 | 개

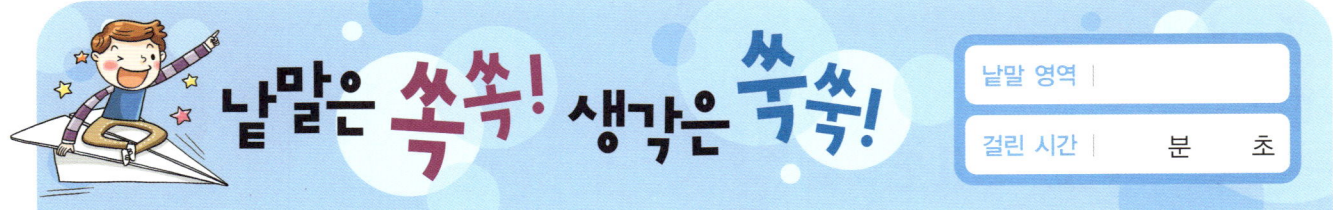

 **그림으로 낱말 찾기**

지시선이 가리키는 그림을 보고 사물의 이름이나 행동, 상태 등에 해당하는 낱말을 보기에서 찾아 □ 안에 쓰세요.

❶ 이름씨
❷ 움직씨
❸ 이름씨
❹ 이름씨
❺ 그림씨

보기 • 변덕 • 모퉁이 • 사회자 • 당부하다 • 고단하다 • 관중석 • 보금자리 • 타당 • 가을걷이 • 편집하다

낱말 뜻 알기

□ 안에는 어떤 낱말의 첫 글자가 쓰여 있습니다. 이 첫 글자를 참고하여 □에 알맞은 말을 넣어 낱말 풀이를 완성해 보세요.

❶ **변덕** : 이랬다저랬다 잘 변하는 태☐나 성☐.

❷ **당부하다** : 말로 단☐히 부☐하다.

❸ **보금자리** : 새가 알을 낳거나 깃☐☐는 곳. 둥☐라고도 함.

❹ **가을걷이** : 가을에 익은 곡☐을 거두어들임. 추☐라고도 함.

❺ **편집** : 일정한 방☐ 아래 여러 가지 재료를 모아 신☐, 잡☐, 책 등을 만드는 일.

40 | 낱말은 쏙쏙! 생각은 쑥쑥!

 낱말 친구 사총사

다음 밑줄 친 낱말의 뜻이 다른 셋과 같지 않은 것은 어느 것인지 번호를 고르세요.

① **타당**한 명분이 있어야 상대방을 설득할 수 있어.

② 이유가 **타당**하다면 조퇴를 허락할 거야.

③ **타당**에서 내놓은 정책이지만 훌륭하다고 볼 수 있어.

④ 논리가 **타당**하면 정답으로 인정해 준대.

 연상되는 낱말 찾기

다음은 세 낱말을 보고 공통으로 연상되는 낱말을 찾는 문제입니다. 세 낱말과 관련 있는 낱말을 써 보세요.

구부러지다	꺾다	변두리	→	
행사	진행하다	사람	→	
관람하다	경기장	의자	→	

 짧은 글짓기

주어진 낱말을 이용하여 보기 와 같은 형식으로 짧은 글을 지어 보세요.

보기: 누가 + 언제 + 왜 + 어떻게 하였다

변덕	
당부	
고단	

낱말 쌈 싸 먹기

알쏭달쏭 헷갈리는 맞춤법, 띄어쓰기, 관용어, 한자어가 이제 한입에 쏙!
하루에 한 쪽씩 맛있게 냠냠 해치우자!

맞춤법 다음 문장에서 ( ) 안의 낱말 중 맞춤법이 맞는 낱말에 ○표 하세요.

이 집에는 문이 하나밖에 없는 데다 (더욱이 , 더우기) 매우 좁다.

띄어쓰기 주어진 두 문장 중 하나에는 띄어쓰기가 틀린 부분이 있습니다. 둘 중 바르게 띄어쓰기를 한 문장을 찾아서 ○표 하세요.

㉮ 이 요리에는 **갖은양념**이 들어가 있어.

㉯ 이 요리에는 **갖은 양념**이 들어가 있어.

도움말 뒷말을 꾸며 주는 관형사는 띄어 씁니다.

관용어 □ 안에 낱말을 넣어서 그림 속 상황과 어울리는 속담이나 격언 등을 만들어 보세요.

땅 짚고 □□ 치기

한자어 글의 의미에 맞게 □ 안에 들어갈 알맞은 사자성어를 보기에서 찾아 써 보세요.

두 팀의 힘이 비슷해서 이번 줄다리기 시합은 □□□□일 것으로 보입니다.

보기 • 인자무적(仁者無敵) • 백중지세(伯仲之勢) • 개과천선(改過遷善)

가로·세로 낱말 만들기

 주어진 글자를 연결하여 **07** 회에 공부한 낱말을 만들어 보세요.

			부			고	
			모			변	

고	덕	이	당	모
퉁	부	타	변	단

★ 도전 시간 | **1분**
★ 만들 낱말 수 | **5개**
★ 만든 낱말 수 | 개

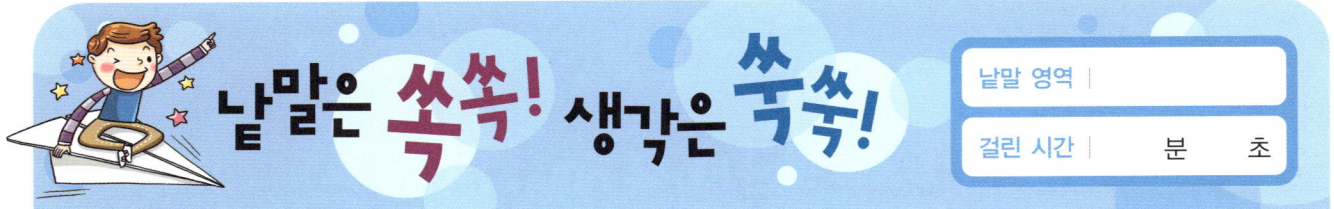

 **그림으로 낱말 찾기**

지시선이 가리키는 그림을 보고 사물의 이름이나 행동, 상태 등에 해당하는 낱말을 보기 에서 찾아 ☐ 안에 쓰세요.

❶ 이름씨
❷ 이름씨
❸ 이름씨
❹ 이름씨
❺ 이름씨
❻ 이름씨

보기 • 옹기 • 나전칠기 • 거중기 • 홍익인간 • 농악 • 단군 • 사신도 • 청해진 • 금속활자 • 고려청자

낱말 뜻 알기

☐ 안에는 어떤 낱말의 첫 글자가 쓰여 있습니다. 이 첫 글자를 참고하여 ☐에 알맞은 말을 넣어 낱말 풀이를 완성해 보세요.

❶ **옹기** : 질[ ] 과 오[ ] 을 통틀어 이르는 말.
❷ **나전칠기** : 광[ ]가 나는 자[ ] 조각을 여러 가지 모양으로 박아 넣거나 붙인 칠기.
❸ **홍익인간** : 단군의 건[ ] 이념으로서 널리 인[ ] 을 이롭게 한다는 뜻임.
❹ **농악** : 농촌에서 농[ ]들 사이에 행하여지는 우리나라 고[ ]의 음악.
❺ **청해진** : 신[ ] 시대 장보고가 지금의 전[ ] 완도에 설치한 진.

 다음 밑줄 친 낱말 중 다른 세 낱말과 거리가 먼 낱말을 말하는 친구를 고르세요.

①  **사신도**는 청룡, 백호, 주작, 현무로 이루어져 있어.

②  우리나라 최초의 나라는 **고조선**이야.

③  환웅과 웅녀 사이에 태어난 **단군**은 우리의 시조야.

④  **홍익인간**은 널리 인간을 이롭게 한다는 뜻이야.

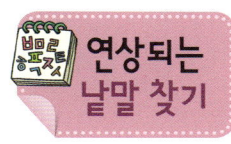 다음은 세 낱말을 보고 공통으로 연상되는 낱말을 찾는 문제입니다. 세 낱말과 관련 있는 낱말을 써 보세요.

자개	공예품	통영	→	
농촌	농부	음악	→	
고려 시대	상감기법	도자기	→	

 주어진 낱말을 이용하여 보기 와 같은 형식으로 짧은 글을 지어 보세요.

> 보기   누가 + 언제 + 어디서 + 어떻게 했다

옹기	
거중기	
사신도	

낱말 쌈 싸 먹기

알쏭달쏭 헷갈리는 맞춤법, 띄어쓰기, 관용어, 한자어가 이제 한입에 쏙!
하루에 한 쪽씩 맛있게 냠냠 해치우자!

맞춤법
다음 문장에서 맞춤법이 틀린 낱말을 찾아 바르게 고쳐 써 보세요.

나물이 입맛을 돋구니 비빔밥을 만들어 먹자.   (   ) → (   )

띄어쓰기
주어진 두 문장 중 하나에는 띄어쓰기가 틀린 부분이 있습니다. 둘 중 바르게 띄어쓰기를 한 문장을 찾아서 ○표 하세요.

㉮ 집에서만이라도 공부 좀 하렴.

㉯ 집에서 만이라도 공부 좀 하렴.

도움말 '에서'와 '만', '이라도'는 다른 낱말의 뜻을 도와주는 조사입니다.

관용어
□ 안에 낱말을 넣어서 그림 속 상황과 어울리는 속담이나 격언 등을 만들어 보세요.

□ 가리고 아웅 한다

한자어
글의 의미에 맞게 □ 안에 들어갈 알맞은 한자어를 **보기**에서 찾아 써 보세요.

음악실에서 □□ 연습한다고 힘껏 소리를 냈더니 □□이 생겼네.

보기   • 頭痛   • 美術   • 彫刻   • 聲樂

가로·세로 낱말 만들기

09

 주어진 글자를 연결하여 **08** 회에 공부한 낱말을 만들어 보세요.

			거	인			
				간	청		

익	해	중	진	간
기	인	홍	청	거

★ 도전 시간 | **1분**

★ 만들 낱말 수 | **3개**

★ 만든 낱말 수 | 개

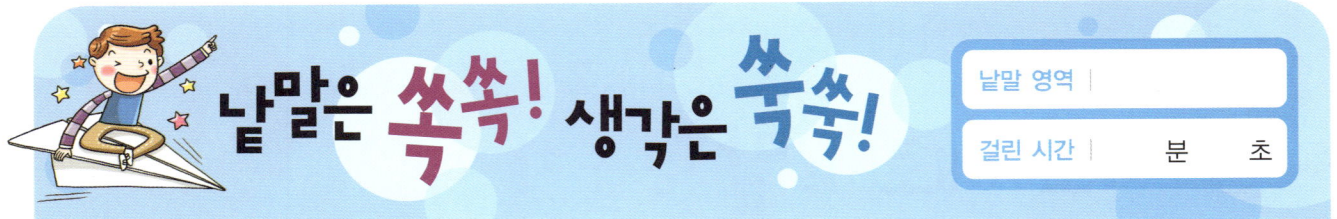

낱말 영역	
걸린 시간	분 초

 지시선이 가리키는 그림을 보고 사물의 이름이나 행동, 상태 등에 해당하는 낱말을 **보기** 에서 찾아 □ 안에 쓰세요.

❶ 이름씨

❷ 이름씨

❸ 이름씨

❹ 이름씨

❺ 이름씨

보기 • 행성   • 위성   • 태양계   • 탐사선   • 에너지   • 스티로폼   • 자원   • 시추선   • 금성   • 토성

낱말 뜻 알기

□ 안에는 어떤 낱말의 첫 글자가 쓰여 있습니다. 이 첫 글자를 참고하여 □에 알맞은 말을 넣어 낱말 풀이를 완성해 보세요.

❶ **행성** : 중심 별의 강한 인□ 의 영향으로 궤□ 를 그리며 중심 별의 주위를 도는 천체.

❷ **위성** : 행□ 의 인□ 의하여 그 주위를 도는 천체. 달은 지□ 의 위성임.

❸ **태양계** : 태양과 그것을 중심으로 공□ 하는 천체의 집□. 행성, 위성, 혜성, 유성 등을 포함함.

❹ **탐사선** : 미□ 의 사물이나 사실 등을 조□ 하기 위해 제작된 배 또는 기계 장치.

❺ **시추선** : 지표면에 구□ 을 뚫어 석□ 나 자원 탐□ 에 쓰이는 배 또는 기계 장치.

 **낱말 친구 사총사** 다음 밑줄 친 낱말 중 다른 셋을 포함하는 큰 말에 해당하는 낱말을 고르세요.

 ① 조상들은 예로부터 **금성**을 샛별이라고 불렀어.

 ② **유성**은 밤에 목격되는 것으로 별똥별이라고도 하지.

 ③ **태양계**에는 수많은 행성들이 공전하고 있어.

 ④ 지구와 이웃한 **행성**은 금성과 화성이야.

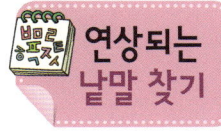 **연상되는 낱말 찾기** 다음은 세 낱말을 보고 공통으로 연상되는 낱말을 찾는 문제입니다. 세 낱말과 관련 있는 낱말을 써 보세요.

돌다	달	인공	→	
원료	생산	이용하다	→	
태양계	행성	여섯째	→	

 **짧은 글짓기** 주어진 낱말을 이용하여 보기와 같은 형식으로 짧은 글을 지어 보세요.

보기: 언제 + 왜 + 무엇이 + 어떻게 된다

에너지	
스티로폼	
자원	

낱말 쌈 싸 먹기

알쏭달쏭 헷갈리는 맞춤법, 띄어쓰기, 관용어, 한자어가 이제 한입에 쏙!
하루에 한 쪽씩 맛있게 냠냠 해치우자!

맞춤법 다음 문장에서 ( ) 안의 낱말 중 맞춤법이 맞는 낱말에 ○표 하세요.

팔다리가 이렇게 (저리니 , 절이니) 비가 오려나 보다.

띄어쓰기 주어진 두 문장 중 하나에는 띄어쓰기가 틀린 부분이 있습니다. 둘 중 바르게 띄어쓰기를 한 문장을 찾아서 ○표 하세요.

㉮ **황소걸음**이 느리기는 하지만 믿음직스럽지.

㉯ **황소 걸음**이 느리기는 하지만 믿음직스럽지.

도움말 '황소처럼 느릿느릿 걷는 걸음'을 뜻하는 한 낱말입니다.

관용어 □ 안에 낱말을 넣어서 그림 속 상황과 어울리는 속담이나 격언 등을 만들어 보세요.

언 발에 □□ 누기

한자어 글의 의미에 맞게 □ 안에 들어갈 알맞은 사자성어를 보기 에서 찾아 써 보세요.

나라의 운명이 □□□□ 에 놓였으니 이 일을 어찌할꼬.

보기 • 백척간두(百尺竿頭) • 천의무봉(天衣無縫) • 만사형통(萬事亨通)

가로·세로 낱말 만들기

 주어진 글자를 연결하여 **09** 회에 공부한 낱말을 만들어 보세요.

				사	지		
		시					
		행					

너	시	성	탐	지
선	사	에	행	추

★ 도전 시간 | **1분**
★ 만들 낱말 수 | **4개**
★ 만든 낱말 수 | 　개

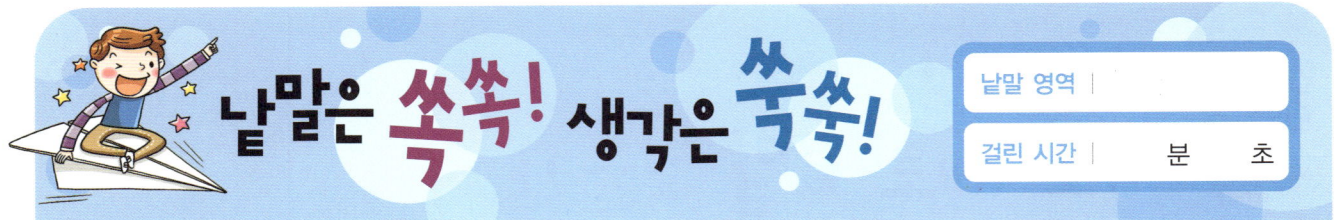

 **그림으로 낱말 찾기**

지시선이 가리키는 그림을 보고 사물의 이름이나 행동, 상태 등에 해당하는 낱말을 보기 에서 찾아 □ 안에 쓰세요.

❶ 이름씨

❷ 이름씨

❸ 이름씨

❹ 움직씨

❺ 움직씨

보기 • 한의사 • 서식지 • 약초 • 연장 • 학대 • 순식간 • 징용하다 • 고문하다 • 배려하다 • 관용하다

낱말 뜻 알기

□ 안에는 어떤 낱말의 첫 글자가 쓰여 있습니다. 이 첫 글자를 참고하여 □에 알맞은 말을 넣어 낱말 풀이를 완성해 보세요.

❶ **한의사** : 한󰊱󰊱을 전󰊱한 의사.

❷ **약초** : 약으로 쓰는 󰊱.

❸ **학대** : 몹시 괴롭히거나 가󰊱하게 대󰊱함.

❹ **징용하다** : 국가의 권󰊱으로 국민을 강󰊱적으로 일정한 업무에 종󰊱시키다.

❺ **관용하다** : 남의 잘󰊱을 너그럽게 받아들이거나 용󰊱하다.

 **낱말 친구 사총사**

다음 밑줄 친 낱말의 뜻이 다른 셋과 같지 <u>않은</u> 것은 어느 것인지 번호를 고르세요.

①  **고문**으로 받아 낸 자백은 증거의 효력이 없어.

②  우리 단체에서 **고문**을 위촉하기로 했어.

③  **고문** 후유증으로 건강이 안 좋아.

④  일제는 독립투사들에게 심한 **고문**을 했대.

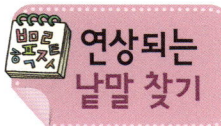 **연상되는 낱말 찾기**

다음은 세 낱말을 보고 공통으로 연상되는 낱말을 찾는 문제입니다. 세 낱말과 관련 있는 낱말을 써 보세요.

생물	살다	장소	→	
일제	강요하다	부역	→	
마음	도와주다	보살피다	→	

 **짧은 글짓기**

주어진 낱말을 이용하여 보기와 같은 형식으로 짧은 글을 지어 보세요.

> **보기** 누가 + 왜 + 무엇을 + 어떻게 해야 한다

한의사	
학대	
관용하다	

낱말 쌈 싸 먹기

알쏭달쏭 헷갈리는 맞춤법, 띄어쓰기, 관용어, 한자어가 이제 한입에 쏙!
하루에 한 쪽씩 맛있게 냠냠 해치우자!

맞춤법 다음 문장에서 맞춤법이 틀린 낱말을 찾아 바르게 고쳐 써 보세요.

내일은 조카 돐잔치에 가야 한다. ( ) → ( )

띄어쓰기 주어진 두 문장 중 하나에는 띄어쓰기가 틀린 부분이 있습니다. 둘 중 바르게 띄어쓰기를 한 문장을 찾아서 ○표 하세요.

㉮ 매 경기 최선을 다하자. ㉯ 매경기 최선을 다하자.

도움말 '매'는 '하나하나의 모든'이라는 뜻으로 뒷말을 꾸며 줍니다.

관용어 □ 안에 낱말을 넣어서 그림 속 상황과 어울리는 속담이나 격언 등을 만들어 보세요.

□□으로
□□치기

한자어 글의 의미에 맞게 □ 안에 들어갈 알맞은 한자어를 보기에서 찾아 써 보세요.

임진왜란 때 □□ 이순신 장군은 나라에 □□을 다하셨지.

보기 • 義理   • 忠誠   • 聖雄   • 孝道

가로·세로 낱말 만들기

 주어진 글자를 연결하여 ❿회에 공부한 낱말을 만들어 보세요.

			용				
			서				
		대	지				

징	대	서	용	배
지	관	려	학	식

★ 도전 시간 | 1분

★ 만들 낱말 수 | 5개

★ 만든 낱말 수 | 개

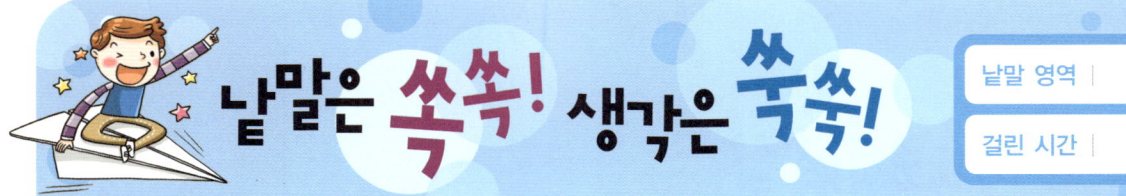

 **그림으로 낱말 찾기**

지시선이 가리키는 그림을 보고 사물의 이름이나 행동, 상태 등에 해당하는 낱말을 보기 에서 찾아 □ 안에 쓰세요.

❶ 움직씨
❷ 이름씨
❸ 이름씨
❹ 이름씨
❺ 그림씨

보기 • 진로 • 생산 • 판매하다 • 종사하다 • 보상 • 정비사 • 적성 • 발휘 • 흥미롭다 • 귀천

낱말 뜻 알기

□ 안에는 어떤 낱말의 첫 글자가 쓰여 있습니다. 이 첫 글자를 참고하여 □에 알맞은 말을 넣어 낱말 풀이를 완성해 보세요.

❶ **진로** : 앞□□ 나아갈 길.

❷ **판매하다** : 상□이나 서□□를 팔다.

❸ **종사하다** : 어떤 일에 마□과 힘을 다하다. 어떤 일을 □ 삼아서 하다.

❹ **보상** : 남에게 진 빚 또는 받은 물□을 갚음.

❺ **적성** : 어떤 일에 알맞은 소□이나 성□.

 **낱말 친구 사총사**

다음 밑줄 친 낱말의 뜻이 다른 셋과 같지 <u>않은</u> 것은 어느 것인지 번호를 고르세요.

 ① 우리 삼촌은 건축업에 **종사**하고 있어.

 ② 할아버지는 평생을 **종사**해 온 일을 그만뒀어.

 ③ 내가 이 일에 **종사**하는 건 불가능한 일이야.

 ④ 성철 스님은 큰 가르침을 전한 불교계의 **종사**였어.

 **연상되는 낱말 찾기**

다음은 세 낱말을 보고 공통으로 연상되는 낱말을 찾는 문제입니다. 세 낱말과 관련 있는 낱말을 써 보세요.

제조	상품	만들다	→	
소질	맞다	성격	→	
재미	관심	끌리다	→	

 **짧은 글짓기**

주어진 낱말을 이용하여 보기 와 같은 형식으로 짧은 글을 지어 보세요.

> **보기** 누가 + 왜 + 무엇을 + 어떻게 하고 있다

종사하다	
발휘	
귀천	

낱말 쌈 싸 먹기

알쏭달쏭 헷갈리는 맞춤법, 띄어쓰기, 관용어, 한자어가 이제 한입에 쏙!
하루에 한 쪽씩 맛있게 냠냠 해치우자!

맞춤법
다음 문장에서 ( ) 안의 낱말 중 맞춤법이 맞는 낱말에 ○표 하세요.

그의 말은 (두루뭉술하여 , 두루뭉실하여) 뜻이 분명하지 않구나.

띄어쓰기
주어진 두 문장 중 하나에는 띄어쓰기가 틀린 부분이 있습니다. 둘 중 바르게 띄어쓰기를 한 문장을 찾아서 ○표 하세요.

㉮ 공부가 목표한 대로 잘 **안됐다**.

㉯ 공부가 목표한 대로 잘 **안 됐다**.

도움말: '안'은 '아니'의 준말로 뒷말을 꾸며 주는 낱말입니다.

관용어
□ 안에 낱말을 넣어서 그림 속 상황과 어울리는 속담이나 격언 등을 만들어 보세요.

깊은 물이라야 큰 □□ 가 논다

한자어
글의 의미에 맞게 □ 안에 들어갈 알맞은 사자성어를 보기에서 찾아 써 보세요.

줏대 없이 □□□□ 하지 않기 위해서는 자신의 뜻을 분명히 나타내야 한다.

보기: • 부화뇌동(附和雷同)   • 속수무책(束手無策)   • 구상유취(口尙乳臭)

가로·세로 낱말 만들기

12

 주어진 글자를 연결하여 **11** 회에 공부한 낱말을 만들어 보세요.

			종		발		
			적		로		

성	귀	사	로	발
휘	진	적	종	천

★ 도전 시간 | **1분**

★ 만들 낱말 수 | **5개**

★ 만든 낱말 수 | 개

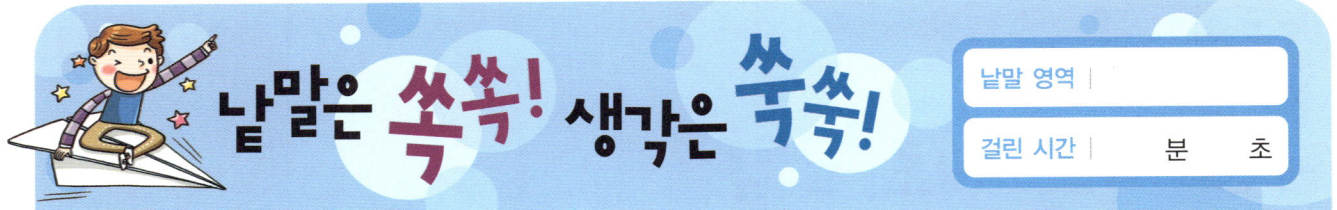

낱말 영역	
걸린 시간	분 초

 **그림으로 낱말 찾기**

지시선이 가리키는 그림을 보고 사물의 이름이나 행동, 상태 등에 해당하는 낱말을 보기 에서 찾아 ☐ 안에 쓰세요.

❶ 이름씨
❷ 이름씨
❸ 이름씨
❹ 이름씨
❺ 이름씨

보기 • 귀양 • 국고 • 대화명 • 실마리 • 충혈 • 굴렁쇠 • 쌈지 • 겨를 • 복원 • 가상

 **낱말 뜻 알기**

☐ 안에는 어떤 낱말의 첫 글자가 쓰여 있습니다. 이 첫 글자를 참고하여 ☐에 알맞은 말을 넣어 낱말 풀이를 완성해 보세요.

❶ **귀양** : 죄☐☐을 먼 시골이나 섬으로 보내어 일정한 기☐ 동안 제☐ 된 곳에서만 살게 하던 형벌.

❷ **대화명** : 인☐☐이나 온☐☐☐에서 대화할 때 사용하는 별☐.

❸ **충혈** : 몸의 일정한 부분에 동맥혈이 비정상적으로 많이 모이는 증☐. 염☐이나 외부 자☐☐으로 일어남.

❹ **굴렁쇠** : 쇠☐☐☐나 대☐☐ 등으로 만든 둥근 테. 어린이 장난감의 하나.

❺ **쌈지** : 담☐, 돈, 부시 따위를 싸서 가지고 다니는 작은 주☐☐.

 **낱말 친구 사총사**

다음 의 글에서 밑줄 친 말이 뜻하는 것을 올바르게 말하고 있는 친구는 누구인지 고르세요.

> **보기** 이번 장면을 보고 나니까 사건의 **실마리가 풀리는** 것 같아.

❶  실에 풀을 먹여서 빳빳하다는 뜻이야.

❷  실 뭉치가 바닥으로 구른다는 뜻이야.

❸  헝클어진 실타래를 풀었다는 뜻이야.

❹  복잡한 문제를 풀어 나갈 첫머리를 찾았다는 뜻이야.

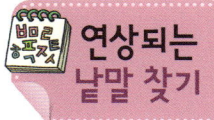 **연상되는 낱말 찾기**

다음은 세 낱말을 보고 공통으로 연상되는 낱말을 찾는 문제입니다. 세 낱말과 관련 있는 낱말을 써 보세요.

 **짧은 글짓기**

주어진 낱말을 이용하여 **보기** 와 같은 형식으로 짧은 글을 지어 보세요.

> **보기** 왜 + 누가 + 어떻게 하였다

귀양	
굴렁쇠	
쌈지	

낱말 쌈 싸 먹기

알쏭달쏭 헷갈리는 맞춤법, 띄어쓰기, 관용어, 한자어가 이제 한입에 쏙!
하루에 한 쪽씩 맛있게 냠냠 해치우자!

맞춤법
다음 문장에서 맞춤법이 틀린 낱말을 찾아 바르게 고쳐 써 보세요.

영감, 뒷뜰에서 놀던 암탉이 어디 갔는지 아시오?　　(　　　　) → (　　　　)

띄어쓰기
주어진 두 문장 중 하나에는 띄어쓰기가 틀린 부분이 있습니다. 둘 중 바르게 띄어쓰기를 한 문장을 찾아서 ○표 하세요.

㉮ **전 세계** 사람들이 다 모였다.　　㉯ **전세계** 사람들이 다 모였다.

도움말 '전'은 '모든'이나 '전체'를 뜻하며 뒷말을 꾸며 주는 낱말입니다.

관용어
□ 안에 낱말을 넣어서 그림 속 상황과 어울리는 속담이나 격언 등을 만들어 보세요.

(재민아! 너 아침에 좀 일찍 일어나서 어머니 일 좀 돕지 못하니?)
(피, 형은 밤새 만화책만 보다가 점심 때나 일어나면서…….)

□□ 남 나무란다

한자어
글의 의미에 맞게 □ 안에 들어갈 알맞은 한자어를 보기에서 찾아 써 보세요.

경제가 □□ 해서 살기 좋아지면 거리마다 □□ 이 가득할 거야.

보기 ・希望　・絕望　・成長　・退步

 공부를 시작하기 전에 가볍게 머리를 풀어 보아요!

가로·세로 낱말 만들기

 주어진 글자를 연결하여 **12** 회에 공부한 낱말을 만들어 보세요.

			지			
			혈	귀		
			리			

혈	양	리	귀	고
마	지	충	실	쌈

★ 도전 시간 | **1분**
★ 만들 낱말 수 | **4개**
★ 만든 낱말 수 | 개

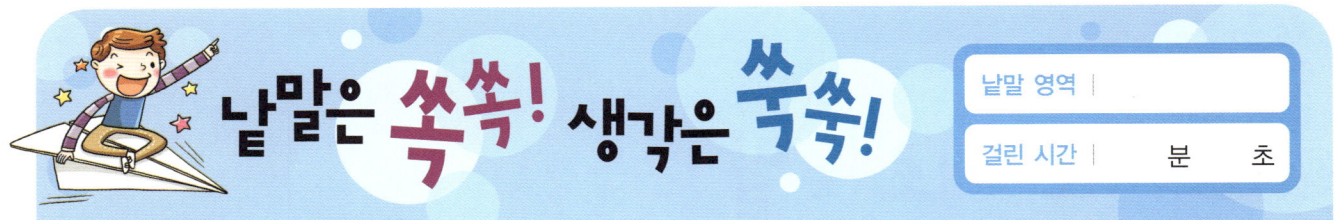

낱말 영역	
걸린 시간	분 초

지시선이 가리키는 그림을 보고 사물의 이름이나 행동, 상태 등에 해당하는 낱말을 보기에서 찾아 ☐ 안에 쓰세요.

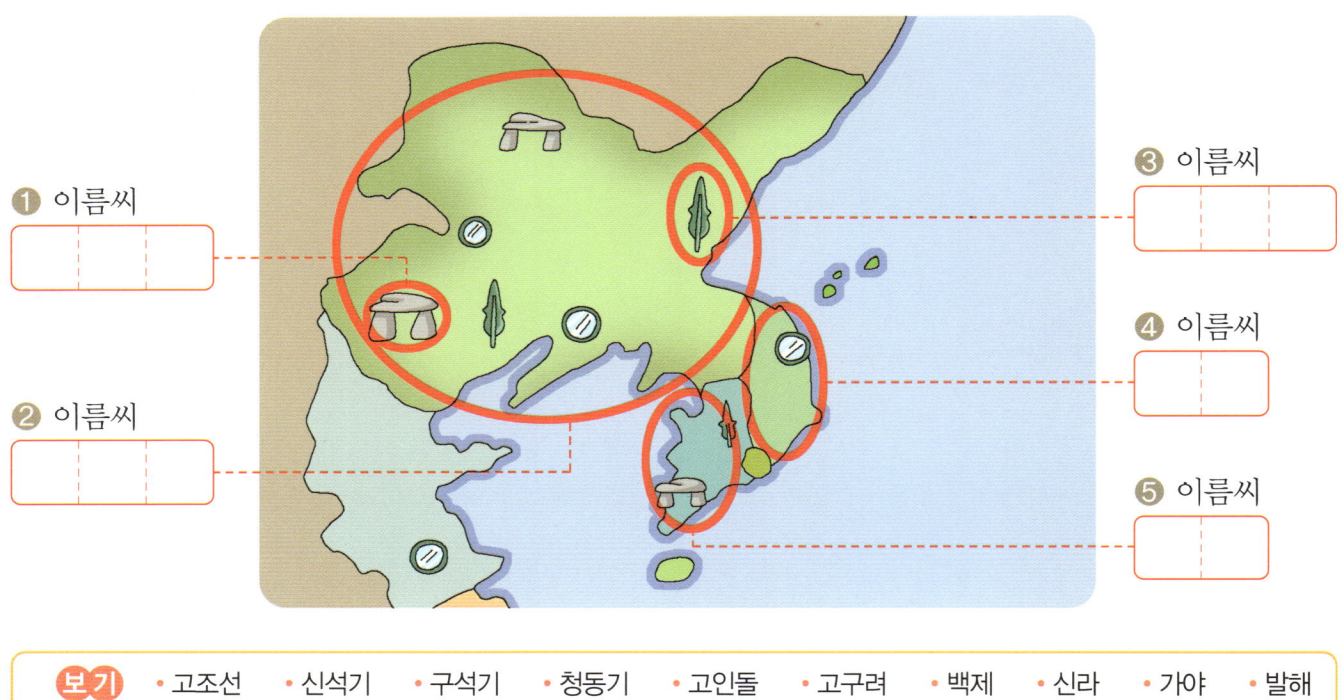

보기 • 고조선 • 신석기 • 구석기 • 청동기 • 고인돌 • 고구려 • 백제 • 신라 • 가야 • 발해

☐ 안에는 어떤 낱말의 첫 글자가 쓰여 있습니다. 이 첫 글자를 참고하여 ☐에 알맞은 말을 넣어 낱말 풀이를 완성해 보세요.

❶ **구석기** : 인☐가 만들어 쓴 뗀석기.

❷ **신석기** : 돌을 갈아서 정☐하게 만든 간석기.

❸ **청동기** : 청동으로 만든 그☐이나 기☐.

❹ **고인돌** : 덮개돌, 받침돌, 막음돌 등으로 이루어진 선☐ 시대의 무☐. 지석묘라고 함.

❺ **발해** : 대조영이 고구려의 유☐과 말갈족을 거느리고 세운 나☐.

 **낱말 친구 사총사**

다음 밑줄 친 낱말 중 다른 세 낱말과 거리가 먼 낱말을 말하는 친구를 고르세요.

①  한반도 최초의 국가는 **고조선**이야.

②  청동 거울, 동검은 대표적인 **청동기**라 할 수 있어.

③  **고인돌**은 선사 시대의 독특한 무덤 양식이래.

④  **발해**는 고구려의 기상을 이어받은 나라야.

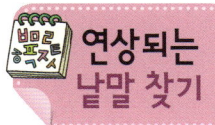 **연상되는 낱말 찾기**

다음은 세 낱말을 보고 공통으로 연상되는 낱말을 찾는 문제입니다. 세 낱말과 관련 있는 낱말을 써 보세요.

동명성왕	국내성	광개토대왕	→	
근초고왕	부여	무령왕릉	→	
박혁거세	경주	김유신	→	

 **짧은 글짓기**

주어진 낱말을 이용하여 보기와 같은 형식으로 짧은 글을 지어 보세요.

보기: 누가 + 어디서 + 무엇을 + 어떻게 하였다

고조선	
가야	
발해	

낱말 쌈 싸 먹기

알쏭달쏭 헛갈리는 맞춤법, 띄어쓰기, 관용어, 한자어가 이제 한입에 쏙!
하루에 한 쪽씩 맛있게 냠냠 해치우자!

맞춤법
다음 문장에서 ( ) 안의 낱말 중 맞춤법이 맞는 낱말에 ○표 하세요.

합창 발표회 (뒷풀이 , 뒤풀이) 는 어디에서 하지?

띄어쓰기
주어진 두 문장 중 하나에는 띄어쓰기가 틀린 부분이 있습니다. 둘 중 바르게 띄어쓰기를 한 문장을 찾아서 ○표 하세요.

㉮ 그리스신화의 신들은 **인간미**가 있어.

㉯ 그리스신화의 신들은 **인간 미**가 있어.

도움말 '인간다운 따뜻한 맛'을 뜻하는 한 낱말입니다.

관용어
☐ 안에 낱말을 넣어서 그림 속 상황과 어울리는 속담이나 격언 등을 만들어 보세요.

☐☐에서 ☐ 난다

한자어
글의 의미에 맞게 ☐ 안에 들어갈 알맞은 사자성어를 보기 에서 찾아 써 보세요.

선거에 나선 사람들이 입을 모아 ☐☐☐☐ 하여 국민들을 섬기겠다고 말합니다.

보기 • 우이독경(牛耳讀經) • 주마간산(走馬看山) • 분골쇄신(粉骨碎身)

가로·세로 낱말 만들기

14

 주어진 글자를 연결하여 **13** 회에 공부한 낱말을 만들어 보세요.

			인	구			
				신			
				발			

구	신	라	돌	기
해	고	석	발	인

★ 도전 시간 | **1분**

★ 만들 낱말 수 | **4개**

★ 만든 낱말 수 | 　개

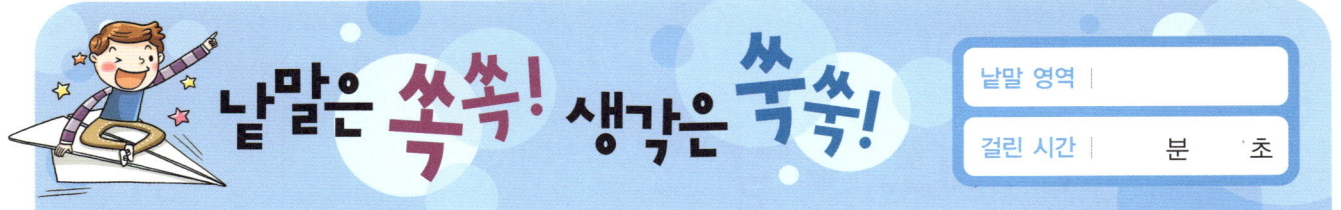

 지시선이 가리키는 그림을 보고 사물의 이름이나 행동, 상태 등에 해당하는 낱말을 보기 에서 찾아 □ 안에 쓰세요.

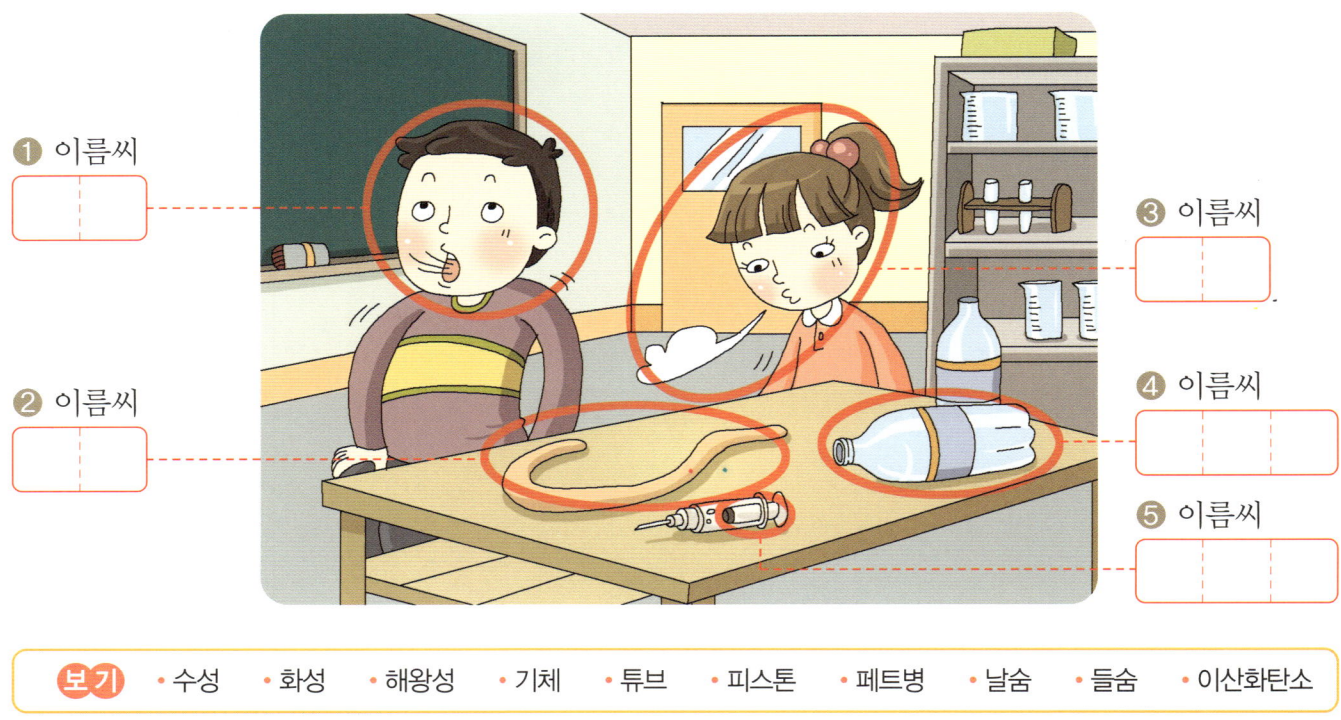

① 이름씨
② 이름씨
③ 이름씨
④ 이름씨
⑤ 이름씨

보기 • 수성 • 화성 • 해왕성 • 기체 • 튜브 • 피스톤 • 페트병 • 날숨 • 들숨 • 이산화탄소

낱말 뜻 알기

□ 안에는 어떤 낱말의 첫 글자가 쓰여 있습니다. 이 첫 글자를 참고하여 □에 알맞은 말을 넣어 낱말 풀이를 완성해 보세요.

① **수성** : 태양계에서 태양에 가장 가[ ][ ] 있는 행[ ].

② **해왕성** : 태양계에서 태양으로부터 여[ ]째로 가까이 있는 행[ ].

③ **튜브** : 자전거나 자동차 등의 고무 타[ ][ ]에 바[ ]을 채우는 고무관.

④ **피스톤** : 실린더 안에서 왕[ ] 운동을 하는, 원[ ]이나 원판 모양으로 된 부[ ].

⑤ **페트병** : 음[ ]를 담는 일[ ][ ] 병, 폴리에틸렌을 원[ ]로 하여 만듦.

 **낱말 친구 사총사**

다음 밑줄 친 낱말의 뜻이 다른 셋과 같지 <u>않은</u> 것은 어느 것인지 번호를 고르세요.

 ① 수원 **화성**은 세계 문화유산으로 지정되었어.

 ② 10년 후에는 **화성** 탐사선을 띄울 거야.

 ③ 정조 대왕의 효성이 담겨 있는 곳이 **화성**이야.

 ④ 거중기가 처음으로 사용된 곳이 **화성**이야.

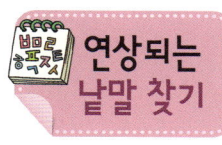 **연상되는 낱말 찾기**

다음은 세 낱말을 보고 공통으로 연상되는 낱말을 찾는 문제입니다. 세 낱말과 관련 있는 낱말을 써 보세요.

공기	무색	탄소	→	
호흡	내쉬다	이산화탄소	→	
호흡	들이쉬다	산소	→	

 **짧은 글짓기**

주어진 낱말을 이용하여 보기 와 같은 형식으로 짧은 글을 지어 보세요.

보기   왜 + 무엇을 + 어떻게 하는 것이 좋다

튜브	
페트병	
이산화탄소	

낱말 쌈 싸 먹기

알쏭달쏭 헷갈리는 맞춤법, 띄어쓰기, 관용어, 한자어가 이제 한입에 쏙!
하루에 한 쪽씩 맛있게 냠냠 해치우자!

맞춤법
다음 문장에서 맞춤법이 틀린 낱말을 찾아 바르게 고쳐 써 보세요.

등교길에 늘 인사를 나누던 강아지가 그립다.　　(　　　　　) → (　　　　　)

띄어쓰기
주어진 두 문장 중 하나에는 띄어쓰기가 틀린 부분이 있습니다. 둘 중 바르게 띄어쓰기를 한 문장을 찾아서 ○표 하세요.

㉮ 이른 아침부터 **어디 가니**?

㉯ 이른 아침부터 **어디가니**?

도움말 '어디'는 지시 대명사이고 '가니'는 동사로 한 낱말이 아닙니다.

관용어
□ 안에 낱말을 넣어서 그림 속 상황과 어울리는 속담이나 격언 등을 만들어 보세요.

(땔감 구하러 가시면서 갓이며 도포는 왜 차려 입으셨수?)
(어험, 양반 체면이 있잖소.)

□□ 마시고 이 쑤신다

한자어
글의 의미에 맞게 □ 안에 들어갈 알맞은 한자어를 **보기** 에서 찾아 써 보세요.

시험 □□ 이 좋지는 않지만 열심히 공부하니 너무 □□ 하게 생각하지 마세요.

보기　•成績　•深刻　•出席　•輕微

공부를 시작하기 전에 가볍게 머리를 풀어 보아요!

가로·세로 낱말 만들기

 주어진 글자를 연결하여 **14**회에 공부한 낱말을 만들어 보세요.

		숨	기				
			피				

화	날	톤	체	스
들	피	기	성	숨

- ★ 도전 시간 | **1분**
- ★ 만들 낱말 수 | **5개**
- ★ 만든 낱말 수 | 개

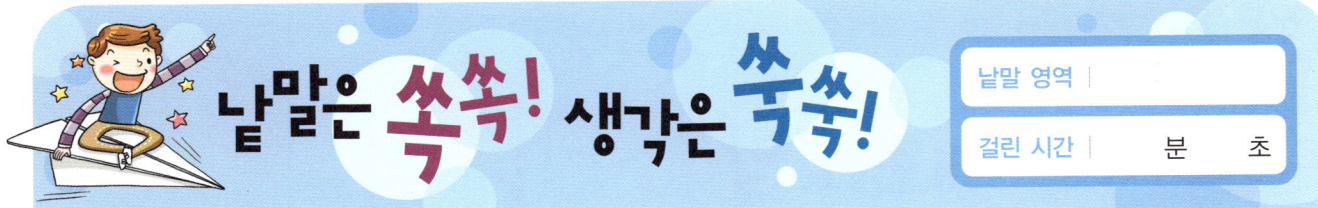

지시선이 가리키는 그림을 보고 사물의 이름이나 행동, 상태 등에 해당하는 낱말을 보기 에서 찾아 □ 안에 쓰세요.

❶ 그림씨

❷ 이름씨

❸ 이름씨

❹ 움직씨

❺ 이름씨

❻ 이름씨

보기 • 눈금 • 검산 • 각기둥 • 각뿔 • 이상 • 이하 • 초과하다 • 미만하다 • 직육면체

□ 안에는 어떤 낱말의 첫 글자가 쓰여 있습니다. 이 첫 글자를 참고하여 □에 알맞은 말을 넣어 낱말 풀이를 완성해 보세요.

❶ **눈금** : 자, 저☐, 온도계 등에 표시하여 길☐, 양, 도수 등을 나타내는 금.

❷ **검산** : 처음 계산의 결☐가 맞는지 알아보기 위해 별☐로 하는 계산.

❸ **각기둥** : 윗면과 밑면이 서로 평☐하면서 합☐인 다각형으로 이루어진 입체도형.

❹ **각뿔** : 다각형의 각 변을 밑☐으로 하고 공통의 꼭☐☐을 가진 삼각형들로 옆면이 둘러싸인 입체도형.

❺ **직육면체** : 각 면이 모두 직☐☐이고, 마주 보는 세 쌍의 면이 각각 평☐한 육면체.

 다음 밑줄 친 낱말의 뜻이 다른 셋과 같지 않은 것은 어느 것인지 번호를 고르세요.

 ① 생각한 가격 **이상**의 물건을 사지 않도록 명심해.

 ② **이상**이 없는 삶은 빈껍데기와 같아.

 ③ **이상**을 실현하는 것은 생각보다 어려운 일이야.

 ④ 높은 **이상**은 그만큼 많은 노력을 필요로 해.

 다음은 세 낱말을 보고 공통으로 연상되는 낱말을 찾는 문제입니다. 세 낱말과 관련 있는 낱말을 써 보세요.

자	저울	숫자	→	
수학	포함	작다	→	
여섯	직사각형	입체도형	→	

 주어진 낱말을 이용하여 보기 와 같은 형식으로 짧은 글을 지어 보세요.

보기 누가 + 왜 + 언제 + 어떻게 해야 한다

각뿔	
초과하다	
미만하다	

낱말 쌈 싸 먹기

알쏭달쏭 헷갈리는 맞춤법, 띄어쓰기, 관용어, 한자어가 이제 한입에 쏙!
하루에 한 쪽씩 맛있게 냠냠 해치우자!

맞춤법
다음 문장에서 ( ) 안의 낱말 중 맞춤법이 맞는 낱말에 ○표 하세요.

아빠 (등쌀 , 등살) 때문에 일요일에 늦잠을 잘 수가 없어.

띄어쓰기
주어진 두 문장 중 하나에는 띄어쓰기가 틀린 부분이 있습니다. 둘 중 바르게 띄어쓰기를 한 문장을 찾아서 ○표 하세요.

㉮ 웃는 모습이 보기에 **좋습니다 그려.**

㉯ 웃는 모습이 보기에 **좋습니다그려.**

도움말 '그려'는 조사입니다.

관용어
□ 안에 낱말을 넣어서 그림 속 상황과 어울리는 속담이나 격언 등을 만들어 보세요.

누울 □□ 봐 가며 □(을)를 뻗어라

한자어
글의 의미에 맞게 □ 안에 들어갈 알맞은 사자성어를 보기 에서 찾아 써 보세요.

원리도 모른 채 공식만 외우는 것은 □□□□ 을 쌓는 것과 같습니다.

보기 • 와신상담(臥薪嘗膽) • 선견지명(先見之明) • 사상누각(砂上樓閣)

가로·세로 낱말 만들기

16

 주어진 글자를 연결하여 **15** 회에 공부한 낱말을 만들어 보세요.

			각	하			
			초	미			

기	과	하	만	둥
미	이	각	초	상

★ 도전 시간 | **1분**

★ 만들 낱말 수 | **5개**

★ 만든 낱말 수 | 개

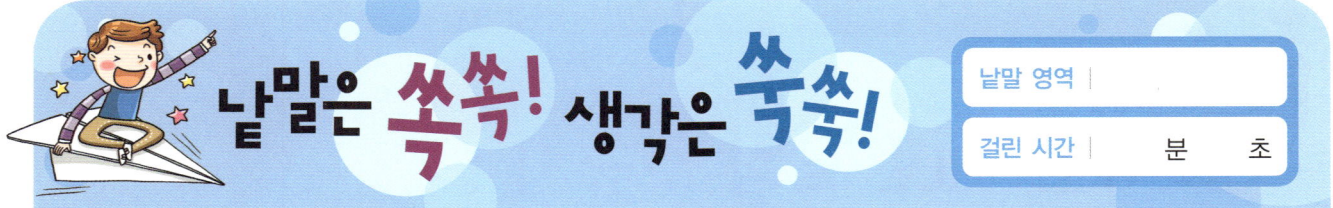

 **그림으로 낱말 찾기**

지시선이 가리키는 그림을 보고 사물의 이름이나 행동, 상태 등에 해당하는 낱말을 보기 에서 찾아 □ 안에 쓰세요.

❶ 이름씨

❷ 이름씨

❸ 이름씨

❹ 이름씨

❺ 이름씨

❻ 이름씨

보기 • 성실 • 근면 • 유언 • 채용 • 관료 • 보존 • 궁궐 • 수호 • 모피 • 멸종

낱말 뜻 알기

□ 안에는 어떤 낱말의 첫 글자가 쓰여 있습니다. 이 첫 글자를 참고하여 □에 알맞은 말을 넣어 낱말 풀이를 완성해 보세요.

❶ 유언 : 죽□ 에 이르러 남기는 말.

❷ 채용 : 조□ 에서 필요한 사람을 선□ 하여 씀.

❸ 관료 : 직업적인 관□ . 또는 그들의 집□ .

❹ 궁궐 : 임□ 이 거□ 하는 집.

❺ 모피 : 동□ 의 털이 그대로 붙어 있는 짐승의 가□ .

❻ 멸종 : 생□ 의 한 종□ 가 아주 없어짐.

다음 밑줄 친 낱말 중 다른 세 낱말과 거리가 먼 낱말을 말하는 친구를 고르세요.

①  앞으로 **수호** 천사가 되어 너를 지켜 줄게.

②  민속춤 **보존**회에서 공연을 연다고 하네.

③  반달가슴곰은 **멸종** 위기 동물로 지정되었어.

④  청학동 사람들은 전통 생활을 **유지**하고 있어.

다음은 세 낱말을 보고 공통으로 연상되는 낱말을 찾는 문제입니다. 세 낱말과 관련 있는 낱말을 써 보세요.

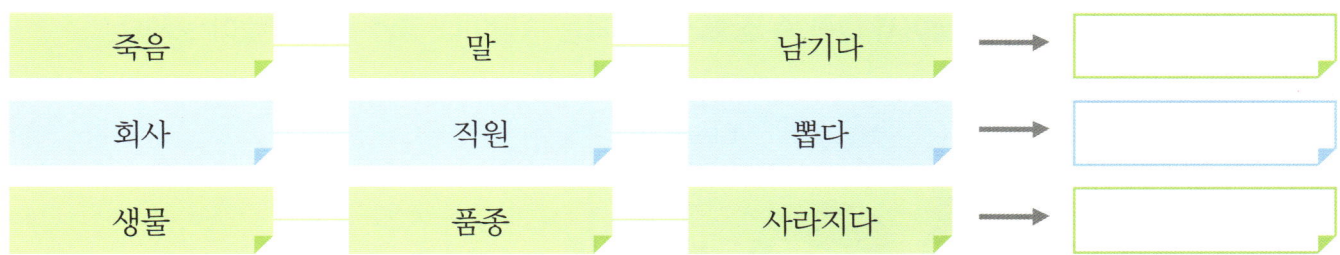

죽음	말	남기다	→	
회사	직원	뽑다	→	
생물	품종	사라지다	→	

주어진 낱말을 이용하여 보기 와 같은 형식으로 짧은 글을 지어 보세요.

보기 : 누가 + 한다면 + 무엇이 + 어떻게 될 것이다

성실	
보존	
모피	

낱말 쌈 싸 먹기

알쏭달쏭 헷갈리는 맞춤법, 띄어쓰기, 관용어, 한자어가 이제 한입에 쏙!
하루에 한 쪽씩 맛있게 냠냠 해치우자!

맞춤법 다음 문장에서 맞춤법이 틀린 낱말을 찾아 바르게 고쳐 써 보세요.

궂은 날씨에 오느라 고생이 많았네.　　　(　　　　) → (　　　　)

띄어쓰기 주어진 두 문장 중 하나에는 띄어쓰기가 틀린 부분이 있습니다. 둘 중 바르게 띄어쓰기를 한 문장을 찾아서 ○표 하세요.

㉮ 우리 영철이 **공부하는 구나.**　　　㉯ 우리 영철이 **공부하는구나.**

도움말 '먹다', '먹고', '먹으니'에서 '다', '고', '으니' 따위를 어미라고 하며 어미는 붙여 씁니다.

관용어 □ 안에 낱말을 넣어서 그림 속 상황과 어울리는 속담이나 격언 등을 만들어 보세요.

재들 왜 서로 모르는 사람처럼 저러고 있어.

어제 크게 다투고 나서부터 저래.

닭 □ 보듯,
소 □ 보듯

한자어 글의 의미에 맞게 □ 안에 들어갈 알맞은 한자어를 보기 에서 찾아 써 보세요.

군자는 개인의 □□ 에 민감하지 않고 행동하는 데에 □□ 을 생각합니다.

보기　• 輕重　• 善惡　• 損益　• 美醜

가로·세로 낱말 만들기

 주어진 글자를 연결하여 **16**회에 공부한 낱말을 만들어 보세요.

				종			
				료			
			용	수			

관	호	멸	수	용
종	채	근	료	면

★ 도전 시간 | 1분
★ 만들 낱말 수 | 5개
★ 만든 낱말 수 | 　　개

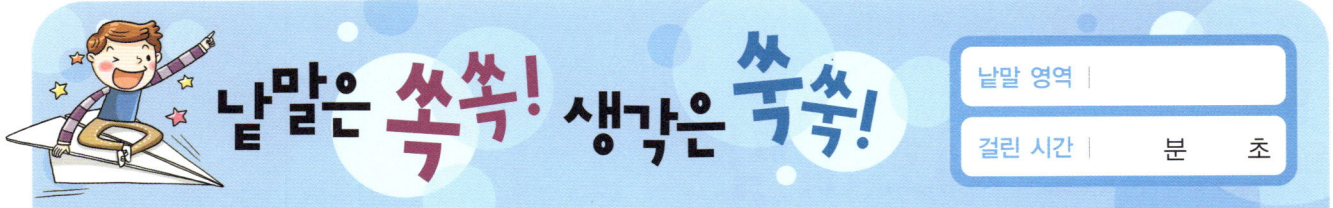

낱말 영역	
걸린 시간	분 초

지시선이 가리키는 그림을 보고 사물의 이름이나 행동, 상태 등에 해당하는 낱말을 **보기**에서 찾아 ☐ 안에 쓰세요.

❶ 이름씨
❷ 이름씨
❸ 이름씨
❹ 이름씨
❺ 움직씨

보기   • 관청   • 생업   • 쾌적하다   • 침엽수   • 활엽수   • 방제하다   • 생장   • 소품   • 쿠션   • 외관

☐ 안에는 어떤 낱말의 첫 글자가 쓰여 있습니다. 이 첫 글자를 참고하여 ☐에 알맞은 말을 넣어 낱말 풀이를 완성해 보세요.

❶ **관청** : 국가의 사무를 [집]☐ 하는 국가 [기]☐.
❷ **생업** : [생]☐ 를 위해 하는 일이나 [직]☐.
❸ **방제하다** : 농작물을 병충해로부터 [예]☐ 하거나 [구]☐ 하다.
❹ **소품** : [변]☐ 치 못한 물건. 또는 연극이나 [영]☐ 를 위해 사용하는 소도구.
❺ **외관** : 겉으로 드러난 [모]☐.

 **낱말 친구 사총사**

다음 밑줄 친 낱말 중 다른 세 낱말과 거리가 먼 낱말을 말하는 친구를 고르세요.

 ① **침엽수**는 잎이 바늘같이 뾰족해.

 ② 온대나 열대 지방에는 **활엽수**가 많이 있어.

 ③ 맛있는 과일을 먹으려면 **유실수**를 심어야 해.

 ④ 할머니는 이른 새벽마다 **정화수**를 바쳤대.

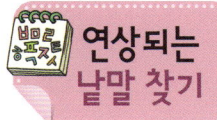 **연상되는 낱말 찾기**

다음은 세 낱말을 보고 공통으로 연상되는 낱말을 찾는 문제입니다. 세 낱말과 관련 있는 낱말을 써 보세요.

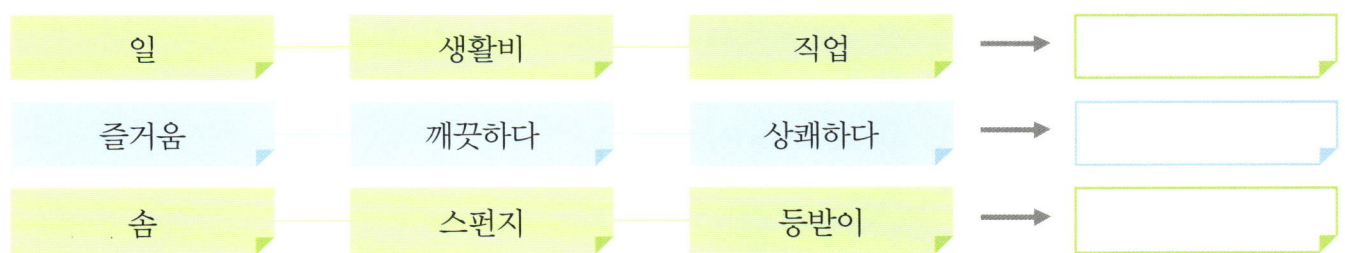

 **짧은 글짓기**

주어진 낱말을 이용하여 보기 와 같은 형식으로 짧은 글을 지어 보세요.

보기: 누가 + 왜 + 언제 + 무엇을 + 어떻게 했다

생장
소품
외관

낱말 쌈 싸 먹기

알쏭달쏭 헷갈리는 맞춤법, 띄어쓰기, 관용어, 한자어가 이제 한입에 쏙!
하루에 한 쪽씩 맛있게 냠냠 해치우자!

맞춤법
다음 문장에서 ( ) 안의 낱말 중 맞춤법이 맞는 낱말에 ○표 하세요.

물을 (긷는 , 깃는) 솜씨가 예사롭지 않군요.

띄어쓰기
주어진 두 문장 중 하나에는 띄어쓰기가 틀린 부분이 있습니다. 둘 중 바르게 띄어쓰기를 한 문장을 찾아서 ○표 하세요.

㉮ 엄마 걱정해 주는 사람은 **민서 뿐이구나.**

㉯ 엄마 걱정해 주는 사람은 **민서뿐이구나.**

도움말 '뿐'이 조사로 사용되었습니다.

관용어
□ 안에 낱말을 넣어서 그림 속 상황과 어울리는 속담이나 격언 등을 만들어 보세요.

□ 쫓던 개
□□ 쳐다보듯

한자어
글의 의미에 맞게 □ 안에 들어갈 알맞은 사자성어를 보기에서 찾아 써 보세요.

십 년 만에 찾은 고향 마을의 논밭이 아파트 단지로 바뀌어 □□□□란 말이 실감나더군요.

보기
· 상전벽해(桑田碧海)   · 견원지간(犬猿之間)   · 각주구검(刻舟求劍)

가로·세로 낱말 만들기

18

 주어진 낱글자를 연결하여 **17** 회에 공부한 낱말을 만들어 보세요.

					적		
					장		
				수			
				제			

수	업	적	엽	방
제	침	장	생	쾌

★ 도전 시간 | **1분**

★ 만들 낱말 수 | **5개**

★ 만든 낱말 수 | 개

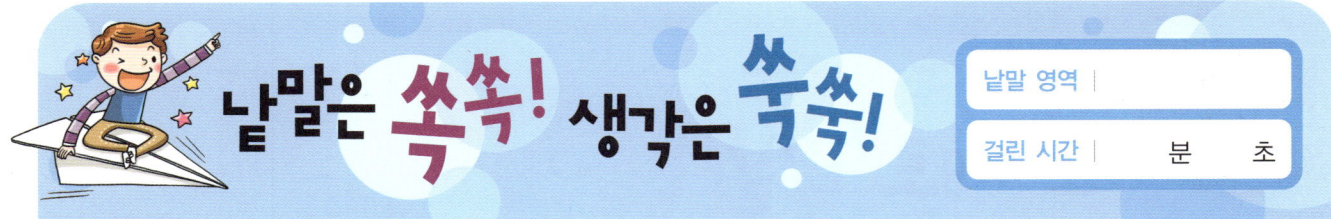

 지시선이 가리키는 그림을 보고 사물의 이름이나 행동, 상태 등에 해당하는 낱말을 보기 에서 찾아 □ 안에 쓰세요.

보기 • 합주 • 서곡 • 관현악 • 시나위 • 산조 • 오페라 • 뮤지컬 • 판소리 • 창극

낱말 뜻 알기

□ 안에는 어떤 낱말의 첫 글자가 쓰여 있습니다. 이 첫 글자를 참고하여 □에 알맞은 말을 넣어 낱말 풀이를 완성해 보세요.

1. **합주** : 두 가지 이상의 악□□로 동□□에 하는 연주.
2. **서곡** : 오□□□를 시작하기 전이나 시작할 때 연주하는 관□□□.
3. **관현악** : 관악기, 타악기, 현악기 등으로 함께 연주하는 음악. 오□□□□□로 불리기도 함.
4. **산조** : 민□ 음악에 속하는 기악 독□ 곡 형태의 하나.
5. **창극** : 전통적인 판□□□나 그 형식을 빌려 만든 가□.

 **낱말 친구 사총사**

다음 밑줄 친 낱말 중 다른 세 낱말과 거리가 먼 낱말을 말하는 친구를 고르세요.

① **시나위**는 우리의 전통 합주곡이야.

② 가야금 **산조**는 참 그윽한 소리로 들려.

③ **판소리** 수궁가를 보는 건 언제나 재밌어.

④ 나의 장래희망은 **뮤지컬** 배우야.

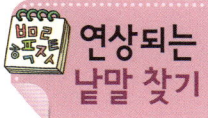 **연상되는 낱말 찾기**

다음은 세 낱말을 보고 공통으로 연상되는 낱말을 찾는 문제입니다. 세 낱말과 관련 있는 낱말을 써 보세요.

오페라	시작	관현악	→	
오케스트라	기악	지휘자	→	
전통	창극	고수	→	

 **짧은 글짓기**

주어진 낱말을 이용하여 보기 와 같은 형식으로 짧은 글을 지어 보세요.

보기   누가 + 언제 + 어디서 + 어떻게 했다

합주	
오페라	
창극	

낱말 쌈 싸 먹기

알쏭달쏭 헷갈리는 맞춤법, 띄어쓰기, 관용어, 한자어가 이제 한입에 쏙!
하루에 한 쪽씩 맛있게 냠냠 해치우자!

맞춤법
다음 문장에서 맞춤법이 <u>틀린</u> 낱말을 찾아 바르게 고쳐 써 보세요.

그런 꼼수를 부리다니 너무 째째하다.　　(　　　　) → (　　　　)

띄어쓰기
주어진 두 문장 중 하나에는 띄어쓰기가 틀린 부분이 있습니다. 둘 중 바르게 띄어쓰기를 한 문장을 찾아서 ○표 하세요.

㉮ **이충무공**의 애국심을 본받자.　　　㉯ **이 충무공**의 애국심을 본받자.

도움말: '이순신의 성과 시호를 함께 이르는 말'을 뜻하는 한 낱말입니다.

관용어
☐ 안에 낱말을 넣어서 그림 속 상황과 어울리는 속담이나 격언 등을 만들어 보세요.

☐ 은 해야 맛이고
☐☐ 는 씹어야 맛이다

한자어
글의 의미에 맞게 ☐ 안에 들어갈 알맞은 한자어를 보기에서 찾아 써 보세요.

☐☐ 시간에 배운 내용이 고스란히 나오기 때문에 따로 ☐☐ 준비를 하지 않아도 됩니다.

보기: ·試驗　·業務　·教育　·授業

가로·세로 낱말 만들기

19

 주어진 글자를 연결하여 **18** 회에 공부한 낱말을 만들어 보세요.

		시	조				
			주				
			관				

주	악	위	조	현
시	산	관	합	나

★ 도전 시간 | **1분**
★ 만들 낱말 수 | **4개**
★ 만든 낱말 수 | 개

| 낱말 영역 | |
| 걸린 시간 | 분   초 |

 **그림으로 낱말 찾기**

지시선이 가리키는 그림을 보고 사물의 이름이나 행동, 상태 등에 해당하는 낱말을 보기 에서 찾아 □ 안에 쓰세요.

❶ 이름씨
❷ 이름씨
❸ 이름씨
❹ 이름씨
❺ 이름씨

보기 • 문맥 • 대견 • 첫인상 • 예보 • 유산 • 옷고름 • 유래 • 극본 • 발길질 • 갈등

 **낱말 뜻 알기**

□ 안에는 어떤 낱말의 첫 글자가 쓰여 있습니다. 이 첫 글자를 참고하여 □에 알맞은 말을 넣어 낱말 풀이를 완성해 보세요.

❶ **문맥** : 글이나 문[ ]에 표현된 의[ ]의 앞뒤 연결.
❷ **대견** : 흐[ ]하고 자[ ]스러움.
❸ **유산** : 죽은 사람이 남겨 놓은 재[ ]. 또는 앞 세[ ]가 물려준 사물 또는 문화.
❹ **유래** : 사[ ]이나 일이 생겨난 까[ ].
❺ **극본** : 연극이나 영화를 만들 수 있도록 쓴 글. 배우의 동[ ], 대[ ], 무대 장치 등이 표시됨.

 **낱말 친구 사총사**

다음 밑줄 친 낱말의 뜻이 다른 셋과 같지 <u>않은</u> 것은 어느 것인지 번호를 고르세요.

①  창덕궁은 세계 문화 **유산**으로 지정되었어.

②  이 반지는 어머니가 **유산**으로 주셨어.

③  물려받은 **유산**이 많아서 풍족하게 산다는군.

④  **유산** 때문에 두 형제는 결국 법정까지 가게 되었어.

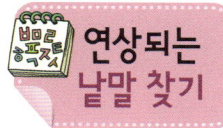 **연상되는 낱말 찾기**

다음은 세 낱말을 보고 공통으로 연상되는 낱말을 찾는 문제입니다. 세 낱말과 관련 있는 낱말을 써 보세요.

처음	얼굴	느낌	→	
날씨	예측	보도	→	
이해관계	다툼	적대시	→	

 **짧은 글짓기**

주어진 낱말을 이용하여 보기 와 같은 형식으로 짧은 글을 지어 보세요.

> 보기   누가 + 어디서 + 왜 + 어떻게 했다

문맥	
옷고름	
발길질	

낱말 쌈 싸 먹기

알쏭달쏭 헷갈리는 맞춤법, 띄어쓰기, 관용어, 한자어가 이제 한입에 쏙!
하루에 한 쪽씩 맛있게 냠냠 해치우자!

맞춤법
다음 문장에서 ( ) 안의 낱말 중 맞춤법이 맞는 낱말에 ○표 하세요.

옆집 개가 밤새 (짖는 , 짓는) 바람에 한숨도 못 잤다.

띄어쓰기
주어진 두 문장 중 하나에는 띄어쓰기가 틀린 부분이 있습니다. 둘 중 바르게 띄어쓰기를 한 문장을 찾아서 ○표 하세요.

㉮ 자네를 만난 지 정말 **오랜 만이군**.

㉯ 자네를 만난 지 정말 **오랜만이군**.

도움말 '오래간만'의 준말로 한 낱말입니다.

관용어
□ 안에 낱말을 넣어서 그림 속 상황과 어울리는 속담이나 격언 등을 만들어 보세요.

먹다 죽은 □□은 때깔도 좋다

한자어
글의 의미에 맞게 □ 안에 들어갈 알맞은 사자성어를 **보기**에서 찾아 써 보세요.

검사와 변호사가 □□□□ 하는 동안에 피고인은 졸고 있었다.

보기 · 설상가상(雪上加霜)   · 설왕설래(說往說來)   · 형설지공(螢雪之功)

가로·세로 낱말 만들기

 주어진 글자를 연결하여 ⑲회에 공부한 낱말을 만들어 보세요.

			견	문			
			고				
			래				

대	산	름	견	맥
유	옷	문	래	고

★ 도전 시간 | **1분**

★ 만들 낱말 수 | **5개**

★ 만든 낱말 수 | 　　개

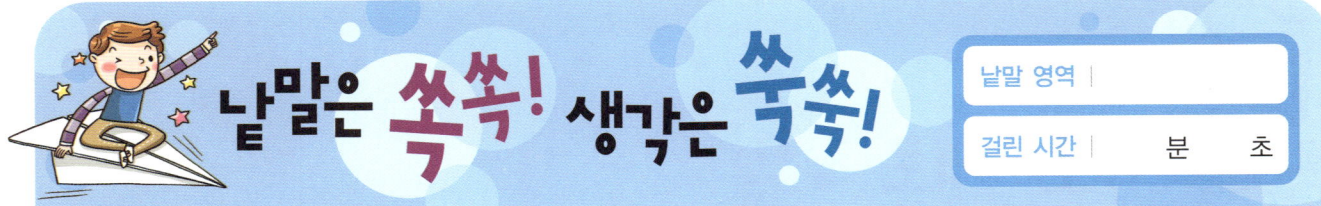

 **그림으로 낱말 찾기**

지시선이 가리키는 그림을 보고 사물의 이름이나 행동, 상태 등에 해당하는 낱말을 보기 에서 찾아 ☐ 안에 쓰세요.

❶ 이름씨
❷ 이름씨
❸ 이름씨
❹ 이름씨
❺ 이름씨

보기 • 한양 • 광화문 • 호패 • 과거 • 세종 대왕 • 의병 • 죽창 • 도공 • 통신사 • 남한산성

 **낱말 뜻 알기**

☐ 안에는 어떤 낱말의 첫 글자가 쓰여 있습니다. 이 첫 글자를 참고하여 ☐에 알맞은 말을 넣어 낱말 풀이를 완성해 보세요.

❶ **한양** : 조선 시대의 도☐. 서☐ 의 옛 이름.

❷ **호패** : 조선 시대에 신☐ 을 증명하기 위하여 16세 이상의 남☐ 가 가지고 다녔던 패.

❸ **과거** : 우리나라와 중국에서 관☐ 를 뽑을 때 실시하던 시☐.

❹ **의병** : 외☐ 의 침입을 물리치기 위하여 백성들이 자☐ 으로 조직한 군☐.

❺ **도공** : 옹☐ 나 도☐ 를 만드는 사람.

다음 밑줄 친 낱말 중 다른 셋을 포함하는 큰 말에 해당하는 낱말을 고르세요.

① 옛날에는 서울을 **한양**이라고 불렀어.

② **광화문** 광장에서 시민 음악회가 열린다고 해.

③ 중국에 자금성이 있다면 우리나라에는 **경복궁**이 있어.

④ 우리나라의 국보 1호는 **숭례문**이야.

다음은 세 낱말을 보고 공통으로 연상되는 낱말을 찾는 문제입니다. 세 낱말과 관련 있는 낱말을 써 보세요.

조선	훈민정음	임금	→	
조선	일본	사신단	→	
인조	병자호란	산성	→	

주어진 낱말을 이용하여 보기 와 같은 형식으로 짧은 글을 지어 보세요.

보기: 누가 + 언제 + 왜 + 어떻게 했다

과거	
의병	
도공	

낱말 쌈 싸 먹기

알쏭달쏭 헷갈리는 맞춤법, 띄어쓰기, 관용어, 한자어가 이제 한입에 쏙!
하루에 한 쪽씩 맛있게 냠냠 해치우자!

맞춤법
다음 문장에서 맞춤법이 틀린 낱말을 찾아 바르게 고쳐 써 보세요.

여기 매밀국수 한 그릇 더 주세요.   (   ) → (   )

띄어쓰기
주어진 두 문장 중 하나에는 띄어쓰기가 틀린 부분이 있습니다. 둘 중 바르게 띄어쓰기를 한 문장을 찾아서 ○표 하세요.

㉮ 밥을 **한입** 가득 물고 말하려니 힘들다.
㉯ 밥을 **한 입** 가득 물고 말하려니 힘들다.

도움말 '입에 음식물이 가득 찬 상태'를 뜻하는 한 낱말입니다.

관용어
□ 안에 낱말을 넣어서 그림 속 상황과 어울리는 속담이나 격언 등을 만들어 보세요.

촌스러운 영구가 알고 보니 마음이 참 곱더구나.

맞아, 겉모습만 보고 판단하면 안 되겠어.

□은 타 봐야 알고
□□은 사귀어 봐야 안다

한자어
글의 의미에 맞게 □ 안에 들어갈 알맞은 한자어를 보기 에서 찾아 써 보세요.

□□ 공부를 할 때는 단순한 □□ 풀이보다는 기본 원리를 알도록 노력해야 한다.

보기 • 問題   • 質問   • 數學   • 圖書

가로·세로 낱말 만들기

21

 공부를 시작하기 전에 가볍게 머리를 풀어 보아요!

주어진 글자를 연결하여 **20**회에 공부한 낱말을 만들어 보세요.

			통	과			
					패	도	

사	거	도	호	공
의	신	패	과	통

★ 도전 시간 | **1분**
★ 만들 낱말 수 | **4개**
★ 만든 낱말 수 | 개

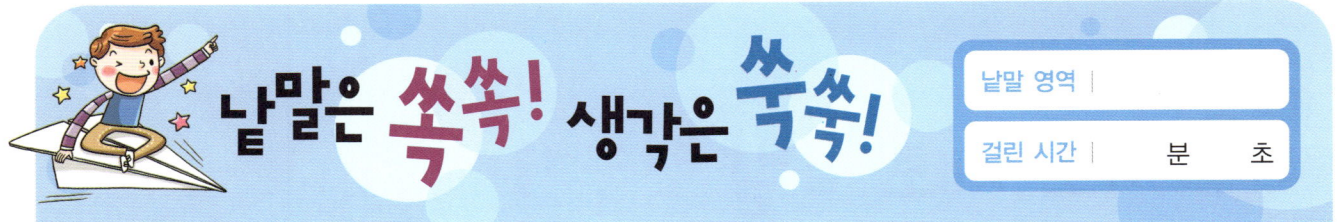

 **그림으로 낱말 찾기**

지시선이 가리키는 그림을 보고 사물의 이름이나 행동, 상태 등에 해당하는 낱말을 보기에서 찾아 □ 안에 쓰세요.

❶ 움직씨
❷ 이름씨
❸ 이름씨
❹ 움직씨
❺ 이름씨

보기 • 지진 • 대피하다 • 붕괴하다 • 지층 • 지진계 • 근육 • 식도 • 허파 • 혈액 • 혈관

낱말 뜻 알기

□ 안에는 어떤 낱말의 첫 글자가 쓰여 있습니다. 이 첫 글자를 참고하여 □에 알맞은 말을 넣어 낱말 풀이를 완성해 보세요.

❶ **지진** : 지[ ] 내부의 에너지가 지[ ]로 나와 땅이 갈라지며 흔들리는 현상.
❷ **근육** : 동물의 운[ ]을 맡은 기관으로 힘[ ]과 살을 통틀어 이르는 말.
❸ **식도** : 인두와 위의 사이에 있는 소[ ]의 일부.
❹ **허파** : 공기 호[ ]을 하는 기관이며 흉강 좌[ ]에 한 쌍이 있음.
❺ **혈관** : 혈[ ]이 흐르는 관(管). 동[ ], 정[ ], 모세 혈관으로 나뉨.

낱말 친구 사총사

다음 밑줄 친 낱말 중 다른 셋을 포함하는 큰 말에 해당하는 낱말을 고르세요.

① 서로의 **혈액**형이 맞아야 수혈을 할 수 있어.

② 갑자기 무리한 운동을 하니까 **근육**이 결려.

③ 내일 **신체**검사가 있다고 하니 목욕을 해 둬야겠어.

④ 탄산음료를 마시니까 **식도**가 짜릿한 느낌이야.

연상되는 낱말 찾기

다음은 세 낱말을 보고 공통으로 연상되는 낱말을 찾는 문제입니다. 세 낱말과 관련 있는 낱말을 써 보세요.

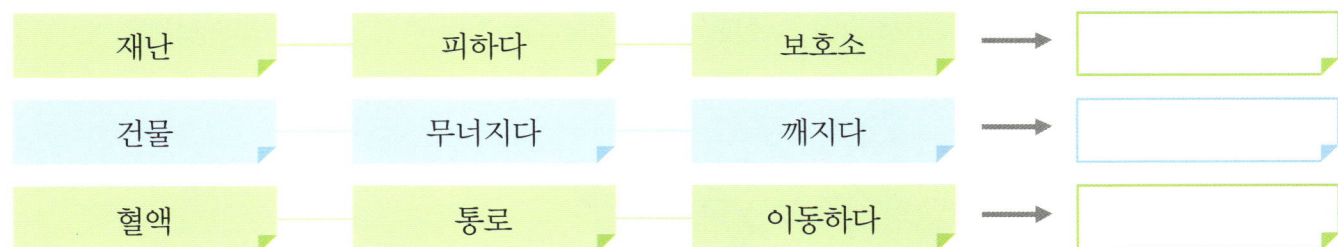

짧은 글짓기

주어진 낱말을 이용하여 보기 와 같은 형식으로 짧은 글을 지어 보세요.

> **보기** 어디서 + 무엇이 + 어떻게 될 것 같다

지층

지진계

근육

낱말 쌈 싸 먹기

알쏭달쏭 헷갈리는 맞춤법, 띄어쓰기, 관용어, 한자어가 이제 한입에 쏙!
하루에 한 쪽씩 맛있게 냠냠 해치우자!

맞춤법 다음 문장에서 ( ) 안의 낱말 중 맞춤법이 맞는 낱말에 ○표 하세요.

이순신 장군께서는 위험을 (무릅쓰고 , 무릎쓰고) 조선 수군을 지휘하셨습니다.

띄어쓰기 주어진 두 문장 중 하나에는 띄어쓰기가 틀린 부분이 있습니다. 둘 중 바르게 띄어쓰기를 한 문장을 찾아서 ○표 하세요.

㉮ **이 번**에 이기면 전승이다.
㉯ **이번**에 이기면 전승이다.

도움말 '곧 돌아오거나 이제 막 지나간 차례'를 뜻하는 한 낱말입니다.

관용어 □ 안에 낱말을 넣어서 그림 속 상황과 어울리는 속담이나 격언 등을 만들어 보세요.

모르면 □이요
아는 게 □

한자어 글의 의미에 맞게 □ 안에 들어갈 알맞은 사자성어를 **보기**에서 찾아 써 보세요.

□□□□ 하는 홍길동을 무슨 수로 잡을 수 있을까?

보기 • 심사숙고(深思熟考)   • 신출귀몰(神出鬼沒)   • 시종여일(始終如一)

가로·세로 낱말 만들기

22

 주어진 글자를 연결하여 **21** 회에 공부한 낱말을 만들어 보세요.

			파	괴			
			진	액			

혈	괴	액	진	파
지	관	허	붕	층

★ 도전 시간 | **1분**

★ 만들 낱말 수 | **6개**

★ 만든 낱말 수 | 개

| 낱말 영역 | |
| 걸린 시간 | 분   초 |

지시선이 가리키는 그림을 보고 사물의 이름이나 행동, 상태 등에 해당하는 낱말을 보기 에서 찾아 □ 안에 쓰세요.

❶ 이름씨
❷ 이름씨
❸ 이름씨
❹ 이름씨
❺ 이름씨

보기 • 풍습 • 유적지 • 환갑 • 연세 • 후원 • 상품권 • 기부금 • 인건비 • 방송국 • 환호성

낱말 뜻 알기

□ 안에는 어떤 낱말의 첫 글자가 쓰여 있습니다. 이 첫 글자를 참고하여 □에 알맞은 말을 넣어 낱말 풀이를 완성해 보세요.

❶ **풍습** : 풍□ 과 습□ 을 아울러 이르는 말.
❷ **연세** : 웃□□ 의 나□ 를 높여 부르는 말.
❸ **후원** : 뒤에서 든□ 하게 원□ 를 해 줌.
❹ **인건비** : 사□ 을 부리는 데에 드는 비□ .
❺ **환호성** : 기뻐서 크게 부르짖는 소□ .

 다음 밑줄 친 낱말의 뜻이 다른 셋과 같지 않은 것은 어느 것인지 고르세요.

❶  머리가 아파서 **후원**에 나가 바람 좀 쐬고 올게.

❷  아빠는 내게 언제나 든든한 **후원**자야.

❸  **후원**금이 늘어나면 아무래도 비용이 절감될 거야.

❹  이번 행사를 **후원**하는 업체는 어디야?

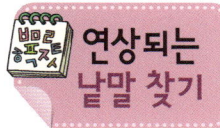 다음은 세 낱말을 보고 공통으로 연상되는 낱말을 찾는 문제입니다. 세 낱말과 관련 있는 낱말을 써 보세요.

역사	자취	터	→	
자선	돕다	돈	→	
라디오	텔레비전	기관	→	

 주어진 낱말을 이용하여 보기 와 같은 형식으로 짧은 글을 지어 보세요.

보기 누가 + 왜 + 무엇을 + 어떻게 했다

풍습	
상품권	
인건비	

낱말 쌈 싸 먹기

알쏭달쏭 헷갈리는 맞춤법, 띄어쓰기, 관용어, 한자어가 이제 한입에 쏙!
하루에 한 쪽씩 맛있게 냠냠 해치우자!

맞춤법
다음 문장에서 맞춤법이 틀린 낱말을 찾아 바르게 고쳐 써 보세요.

아가! 홀몸도 아닌데 좀 쉬어라. 배 속 아이도 힘들잖니.   (   ) → (   )

띄어쓰기
주어진 두 문장 중 하나에는 띄어쓰기가 틀린 부분이 있습니다. 둘 중 바르게 띄어쓰기를 한 문장을 찾아서 ○표 하세요.

㉮ **아무것도** 아닌 일로 화내지 마세요.

㉯ **아무 것도** 아닌 일로 화내지 마세요.

도움말 '특별히 정해지지 않은 어떤 것 일체'를 뜻하는 한 낱말입니다.

관용어
□ 안에 낱말을 넣어서 그림 속 상황과 어울리는 속담이나 격언 등을 만들어 보세요.

□□ 뀐 놈이 □ 낸다

한자어
글의 의미에 맞게 □ 안에 들어갈 알맞은 한자어를 보기 에서 찾아 써 보세요.

학교 환경 개선에 대한 □□ 이 통과되면 실태 □□ 를 할 것입니다.

보기 • 態度   • 案件   • 環境   • 調査

가로·세로 낱말 만들기

23

 주어진 글자를 연결하여 **22**회에 공부한 낱말을 만들어 보세요.

		후					
		세	유				
		성					

세	원	성	지	후
유	환	적	연	호

★ 도전 시간 | **1분**
★ 만들 낱말 수 | **4개**
★ 만든 낱말 수 | 개

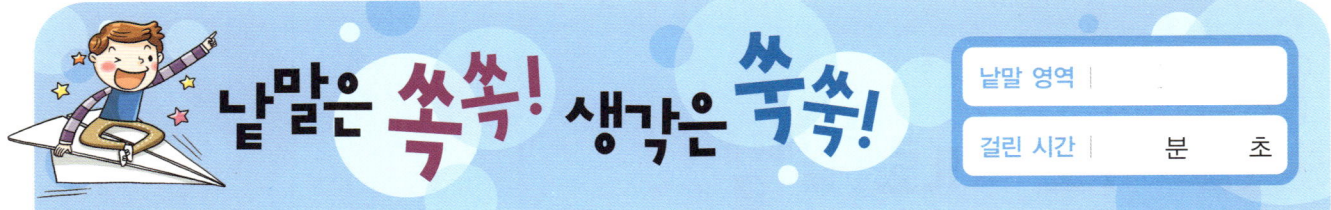

 지시선이 가리키는 그림을 보고 사물의 이름이나 행동, 상태 등에 해당하는 낱말을 보기 에서 찾아 □ 안에 쓰세요.

보기 • 베란다 • 박테리아 • 분갈이 • 촉진 • 자투리 • 영양소 • 유통기한 • 주먹밥 • 참기름 • 식용유

낱말 뜻 알기

□ 안에는 어떤 낱말의 첫 글자가 쓰여 있습니다. 이 첫 글자를 참고하여 □에 알맞은 말을 넣어 낱말 풀이를 완성해 보세요.

❶ 베란다 : 집에서 툇[ ] 처럼 튀어나오게 하여 벽 없이 지[ ] 을 씌운 부분.
❷ 박테리아 : 가장 미[ ] 하고 가장 하등에 속하는 단[ ] 생물체. 세[ ] 이라고도 함.
❸ 분갈이 : 화[ ] 에 심은 풀이나 나[ ] 를 다른 화[ ] 에 옮겨 심는 일.
❹ 촉진 : 다[ ] 빨리 나아가게 함.
❺ 영양소 : 성[ ] 을 돕고 생리적 과정에 필요한 에[ ] 를 공급하는 영양분이 있는 물질.

 **낱말 친구 사총사**

다음 밑줄 친 낱말 중 다른 세 낱말과 거리가 먼 낱말을 말하는 친구를 고르세요.

 ① 고소한 맛을 내려면 **참기름**을 넣어야 돼.

 ② 천천히 달려야 **휘발유**를 절약할 수 있어.

 ③ **식용유**를 너무 많이 뿌리면 느끼해져.

 ④ 나물을 무칠 때는 **들기름**이 제격이야.

 **연상되는 낱말 찾기**

다음은 세 낱말을 보고 공통으로 연상되는 낱말을 찾는 문제입니다. 세 낱말과 관련 있는 낱말을 써 보세요.

재촉	나아가다	성장하다	→	
둥글다	밥덩이	뭉치다	→	
참깨	짜다	기름	→	

 **짧은 글짓기**

주어진 낱말을 이용하여 보기 와 같은 형식으로 짧은 글을 지어 보세요.

보기   언제 + 왜 + 어떻게 하는 것이 좋다

박테리아 —
자투리 —
유통기한 —

낱말 쌈 싸 먹기

알쏭달쏭 헷갈리는 맞춤법, 띄어쓰기, 관용어, 한자어가 이제 한입에 쏙!
하루에 한 쪽씩 맛있게 냠냠 해치우자!

맞춤법
다음 문장에서 ( ) 안의 낱말 중 맞춤법이 맞는 낱말에 ○표 하세요.

> 더위에는 시원한 (미숫가루 , 미싯가루) 한 사발이 최고지.

띄어쓰기
주어진 두 문장 중 하나에는 띄어쓰기가 틀린 부분이 있습니다. 둘 중 바르게 띄어쓰기를 한 문장을 찾아서 ○표 하세요.

㉮ 일을 하는 데는 **한 나절**이 걸릴 것 같아.

㉯ 일을 하는 데는 **한나절**이 걸릴 것 같아.

도움말 '하루 낮의 반(半)'을 뜻하는 한 낱말입니다.

관용어
☐ 안에 낱말을 넣어서 그림 속 상황과 어울리는 속담이나 격언 등을 만들어 보세요.

☐☐☐에
☐☐ 볶아 먹겠다

한자어
글의 의미에 맞게 ☐ 안에 들어갈 알맞은 사자성어를 **보기**에서 찾아 써 보세요.

☐☐☐☐ 식으로 자기 입장에서 일을 하면 공동체가 발전하기 어렵습니다.

보기
• 불철주야(不撤晝夜) • 온고지신(溫故知新) • 아전인수(我田引水)

가로·세로 낱말 만들기

 주어진 글자를 연결하여 23 회에 공부한 낱말을 만들어 보세요.

			자				
			갈				

촉	자	이	아	갈
리	분	테	투	박

★ 도전 시간 | **1분**
★ 만들 낱말 수 | **3개**
★ 만든 낱말 수 | 개

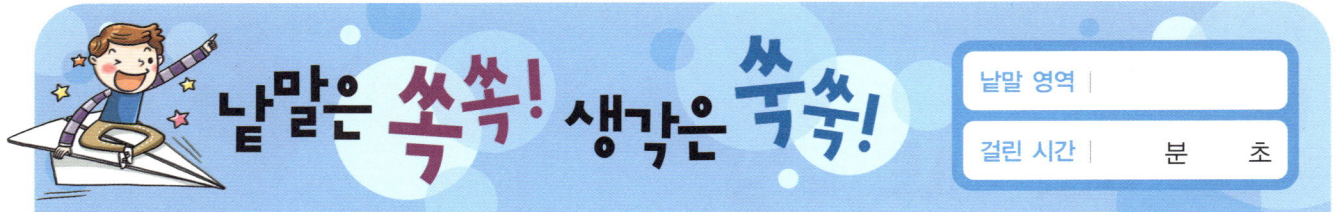

낱말 영역	
걸린 시간	분 초

 **그림으로 낱말 찾기**

지시선이 가리키는 그림을 보고 사물의 이름이나 행동, 상태 등에 해당하는 낱말을 보기 에서 찾아 □ 안에 쓰세요.

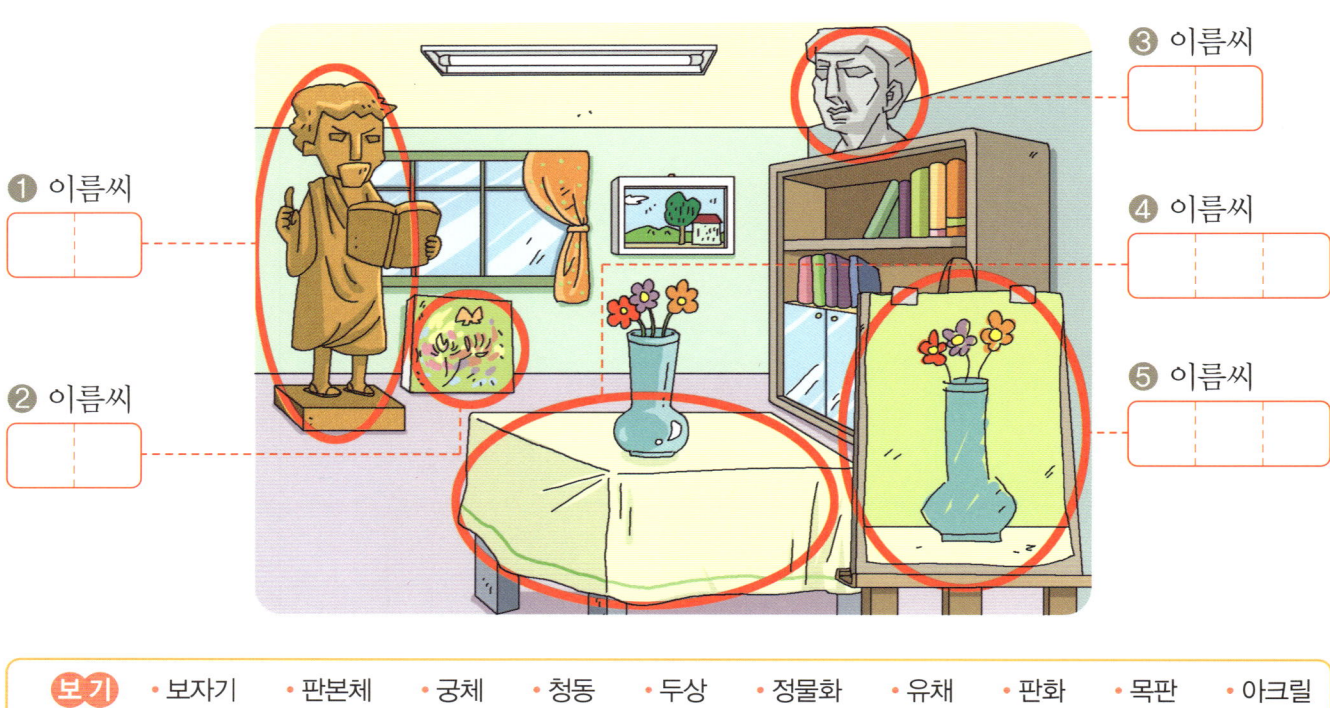

❶ 이름씨   ❷ 이름씨   ❸ 이름씨   ❹ 이름씨   ❺ 이름씨

보기 • 보자기 • 판본체 • 궁체 • 청동 • 두상 • 정물화 • 유채 • 판화 • 목판 • 아크릴

 **낱말 뜻 알기**

□ 안에는 어떤 낱말의 첫 글자가 쓰여 있습니다. 이 첫 글자를 참고하여 □에 알맞은 말을 넣어 낱말 풀이를 완성해 보세요.

❶ **보자기** : 물□을 싸서 들고 다닐 수 있도록 네□지게 만든 작은 천.

❷ **판본체** : 한□ 창제 직후에 나온 책들에 쓰인 글□를 바탕으로 한 서체. 고체, 정음체라고도 불림.

❸ **궁체** : 조선 후기에, 주로 궁□에서 나인들이 쓰던 한□ 서체.

❹ **청동** : 가장 오래전부터 사용되어 왔던 구□와 주석의 합□.

❺ **판화** : 그림, 글씨 등으로 새긴 판을 이용하여 종□에 인□하는 시각 예술 기법.

 다음 밑줄 친 낱말 중 다른 세 낱말과 거리가 먼 낱말을 말하는 친구를 고르세요.

 ❶ 조각칼이 잘 들어가는 **목판**을 준비해.

 ❷ **아크릴** 상자는 깨지기 쉬우니까 조심히 다뤄.

 ❸ **포스터**는 단순하지만 강렬한 느낌을 전달할 수 있어.

 ❹ 운동장에 세워져 있는 동상은 **청동**으로 만든 거래.

 다음은 세 낱말을 보고 공통으로 연상되는 낱말을 찾는 문제입니다. 세 낱말과 관련 있는 낱말을 써 보세요.

얼굴	머리	소묘	→	
회화	멈추다	사물	→	
회화	기름	물감	→	

 주어진 낱말을 이용하여 보기 와 같은 형식으로 짧은 글을 지어 보세요.

보기 누가 + 어디서 + 무엇을 + 어떻게 했다

보자기	
궁체	
청동	

낱말 쌈 싸 먹기

알쏭달쏭 헷갈리는 맞춤법, 띄어쓰기, 관용어, 한자어가 이제 한입에 쏙!
하루에 한 쪽씩 맛있게 냠냠 해치우자!

맞춤법
다음 문장에서 맞춤법이 틀린 낱말을 찾아 바르게 고쳐 써 보세요.

자신에게 알맞는 운동을 선택해야 합니다.   (   ) → (   )

띄어쓰기
주어진 두 문장 중 하나에는 띄어쓰기가 틀린 부분이 있습니다. 둘 중 바르게 띄어쓰기를 한 문장을 찾아서 ○표 하세요.

가 너의 셈이 **틀림없는 지** 확인해 보렴.

나 너의 셈이 **틀림없는지** 확인해 보렴.

도움말 '지'는 어미로 사용되었습니다.

관용어
☐ 안에 낱말을 넣어서 그림 속 상황과 어울리는 속담이나 격언 등을 만들어 보세요.

변덕이 ☐ 끓듯 하다

한자어
글의 의미에 맞게 ☐ 안에 들어갈 알맞은 한자어를 **보기**에서 찾아 써 보세요.

새해에는 ☐☐에게 ☐☐하고 덕담을 주고받습니다.

보기 • 秋收   • 歲拜   • 動物   • 兩親

공부를 시작하기 전에 가볍게 머리를 풀어 보아요!

가로·세로 낱말 만들기

 주어진 글자를 연결하여 **24** 회에 공부한 낱말을 만들어 보세요.

		동	화				
		두					

본	목	상	궁	청
동	화	체	두	판

★ 도전 시간 | **1분**

★ 만들 낱말 수 | **6개**

★ 만든 낱말 수 | 개

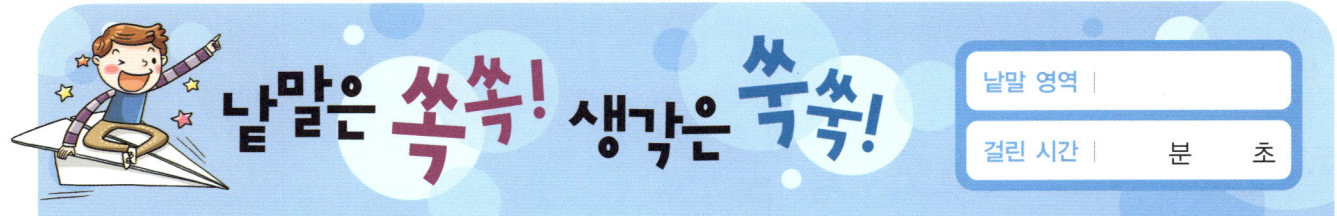

| 낱말 영역 | |
| 걸린 시간 | 분   초 |

그림으로 낱말 찾기

지시선이 가리키는 그림을 보고 사물의 이름이나 행동, 상태 등에 해당하는 낱말을 **보기**에서 찾아 ☐ 안에 쓰세요.

❶ 이름씨

❷ 이름씨

❸ 이름씨

❹ 이름씨

❺ 이름씨

보기 • 정수리 • 어원 • 관행 • 칭송 • 박탈 • 춤사위 • 편견 • 정체성 • 명분 • 수모

낱말 뜻 알기

☐ 안에는 어떤 낱말의 첫 글자가 쓰여 있습니다. 이 첫 글자를 참고하여 ☐에 알맞은 말을 넣어 낱말 풀이를 완성해 보세요.

❶ **정수리** : 머☐ 위의 숨구멍이 있는 자☐.

❷ **어원** : 어떤 말이 생겨나게 된 근☐.

❸ **관행** : 오☐ 전부터 해 오는 대로 함. 또는 관☐에 따라서 함.

❹ **박탈** : 남의 재물이나 권☐, 자☐ 따위를 빼앗음.

❺ **편견** : 공☐하지 못하고 한쪽으로 치우친 생☐.

❻ **명분** : 일을 꾀하는 데에 있어 내세우는 구☐이나 이☐.

 **낱말 친구 사총사**

다음 밑줄 친 낱말 중 다른 세 낱말과 거리가 먼 낱말을 말하는 친구를 고르세요.

 ① 설날에 세배를 하는 것이 **관행**이야.

 ② 질서를 **유지**하기 위해 공권력을 동원했어.

 ③ 실학은 조선 후기의 **개혁** 운동이라고 할 수 있어.

 ④ 어른들은 **보수**적인 경향이 많아.

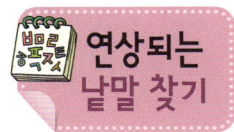 **연상되는 낱말 찾기**

다음은 세 낱말을 보고 공통으로 연상되는 낱말을 찾는 문제입니다. 세 낱말과 관련 있는 낱말을 써 보세요.

춤	동작	단위	→	
존재	본질	깨닫다	→	
수치	멸시	모욕	→	

 **짧은 글짓기**

주어진 낱말을 이용하여 보기와 같은 형식으로 짧은 글을 지어 보세요.

보기: 누가 + 왜 + 무엇을 + 어떻게 하다

정수리	
어원	
박탈	

낱말 쌈 싸 먹기

알쏭달쏭 헛갈리는 맞춤법, 띄어쓰기, 관용어, 한자어가 이제 한입에 쏙!
하루에 한 쪽씩 맛있게 냠냠 해치우자!

맞춤법
다음 문장에서 ( ) 안의 낱말 중 맞춤법이 맞는 낱말에 ○표 하세요.

> 과학 실험 보고서를 그렇게 (짜집기 , 짜깁기)해서 내면 어떡하니?

띄어쓰기
주어진 두 문장 중 하나에는 띄어쓰기가 틀린 부분이 있습니다. 둘 중 바르게 띄어쓰기를 한 문장을 찾아서 ○표 하세요.

㉮ 공부한지 얼마나 되었니?

㉯ 공부한 지 얼마나 되었니?

도움말 '지'는 의존명사로 사용되었습니다.

관용어
□ 안에 낱말을 넣어서 그림 속 상황과 어울리는 속담이나 격언 등을 만들어 보세요.

말풍선: '피사의 사탑'은 왜 기운 채로 놔둘까요? 바로 세우면 좋을 텐데……
말풍선: 어유, 바로 세우려다가 무너지기라도 하면 어떡해요.

□□ 잡으려다
□□ 삼간 태운다

한자어
글의 의미에 맞게 □ 안에 들어갈 알맞은 사자성어를 **보기** 에서 찾아 써 보세요.

축구 국가대표 선수들이 바람 불고 비오는 상황에서도 □□□□ 하고 있어.

보기
· 악전고투(惡戰苦鬪)
· 금의야행(錦衣夜行)
· 미생지신(尾生之信)

가로·세로 낱말 만들기

 주어진 글자를 연결하여 25 회에 공부한 낱말을 만들어 보세요.

						박	
						리	
			편	성			

수	탈	정	견	리
편	성	박	모	체

★ 도전 시간 | **1분**
★ 만들 낱말 수 | **5개**
★ 만든 낱말 수 | 개

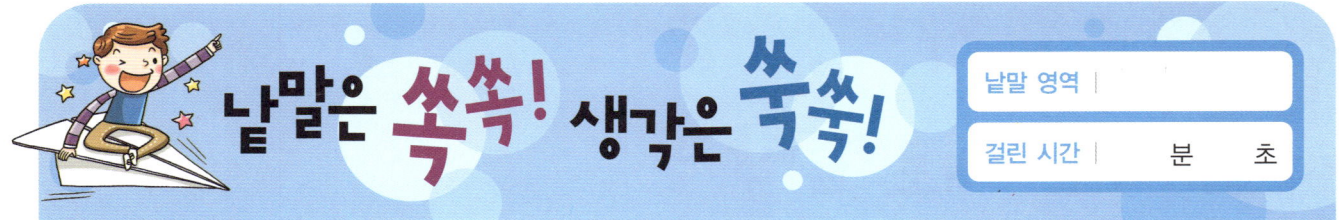

 **그림으로 낱말 찾기**

지시선이 가리키는 그림을 보고 사물의 이름이나 행동, 상태 등에 해당하는 낱말을 보기 에서 찾아 □ 안에 쓰세요.

❶ 이름씨
❷ 이름씨
❸ 이름씨
❹ 이름씨
❺ 이름씨

보기 • 고려 • 몽고 • 조선 • 유교 • 숭례문 • 훈민정음 • 양반 • 임진왜란 • 거북선 • 병자호란

 **낱말 뜻 알기**

□ 안에는 어떤 낱말의 첫 글자가 쓰여 있습니다. 이 첫 글자를 참고하여 □에 알맞은 말을 넣어 낱말 풀이를 완성해 보세요.

❶ **고려** : 왕□ 이 개□ 에 세운 나라.
❷ **조선** : 이□ 가 고려를 무너뜨리고 세운 나라. 한양에 도□ 을 정하였음.
❸ **유교** : 유□ 을 종교적인 관□ 에서 이르는 말. 삼강오륜을 갖춰야 할 덕□ 으로 삼음.
❹ **훈민정음** : '백□ 을 가르치는 바른 소리'라는 뜻으로, 세종 대왕이 창□ 한 우리나라 글자를 이르는 말.
❺ **임진왜란** : 조선 선조 때에 일□ 이 침□ 한 난□ 며, 그 뒤 정유재란이 일어나기도 했음.
❻ **병자호란** : 조선 인조 때에 청나라가 침□ 한 난리. 조선이 청나라에 항□ 하고 군신 관계를 맺음.

 **낱말 친구 사총사**

다음 밑줄 친 낱말 중 다른 셋을 포함하는 큰 말에 해당하는 낱말을 고르세요.

①  **한양**은 한강 유역에 자리잡고 있었어.

②  임진왜란 때 왕은 **의주**까지 피란하였단다.

③  **조선**에서 관리가 되려면 유교 경전을 공부해야만 했어.

④  병자호란 때 조정은 **남한산성**에 들어가 적과 싸웠어.

 **연상되는 낱말 찾기**

다음은 세 낱말을 보고 공통으로 연상되는 낱말을 찾는 문제입니다. 세 낱말과 관련 있는 낱말을 써 보세요.

항쟁	팔만대장경	삼별초	→	
화재	국보	사대문	→	
과거 시험	사대부	신분	→	

 **짧은 글짓기**

주어진 낱말을 이용하여 보기 와 같은 형식으로 짧은 글을 지어 보세요.

보기 누가 + 언제 + 무엇을 + 어떻게 했다

고려	
훈민정음	
거북선	

낱말 쌈 싸 먹기

알쏭달쏭 헷갈리는 맞춤법, 띄어쓰기, 관용어, 한자어가 이제 한입에 쏙!
하루에 한 쪽씩 맛있게 냠냠 해치우자!

맞춤법 다음 문장에서 맞춤법이 틀린 낱말을 찾아 바르게 고쳐 써 보세요.

봄이 오니 벼씨를 뿌려야지. ( ) → ( )

띄어쓰기 주어진 두 문장 중 하나에는 띄어쓰기가 틀린 부분이 있습니다. 둘 중 바르게 띄어쓰기를 한 문장을 찾아서 ○표 하세요.

㉮ 우리 농산물을 **제값** 주고 삽시다.

㉯ 우리 농산물을 **제 값** 주고 삽시다.

도움말 '물건의 가치에 맞는 가격'을 뜻하는 한 낱말입니다.

관용어 □ 안에 낱말을 넣어서 그림 속 상황과 어울리는 속담이나 격언 등을 만들어 보세요.

저 집 아저씨 되게 무섭던데 돌려줄까?

그렇다고 포기할 수 없잖아? 내가 가서 직접 말해 볼게.

□에 가야 범을 잡지

한자어 글의 의미에 맞게 □ 안에 들어갈 알맞은 한자어를 보기에서 찾아 써 보세요.

건물의 □□에 □□을 마련하면 좋은 쉼터가 될 거예요.

보기 · 屋上 · 地下 · 哨所 · 花壇

공부를 시작하기 전에 가볍게 머리를 풀어 보아요!

가로·세로 낱말 만들기

 주어진 글자를 연결하여 **26** 회에 공부한 낱말을 만들어 보세요.

				고		교	
				정		양	

음	반	고	유	민
몽	훈	교	정	양

★ 도전 시간 | **1분**

★ 만들 낱말 수 | **4개**

★ 만든 낱말 수 | 개

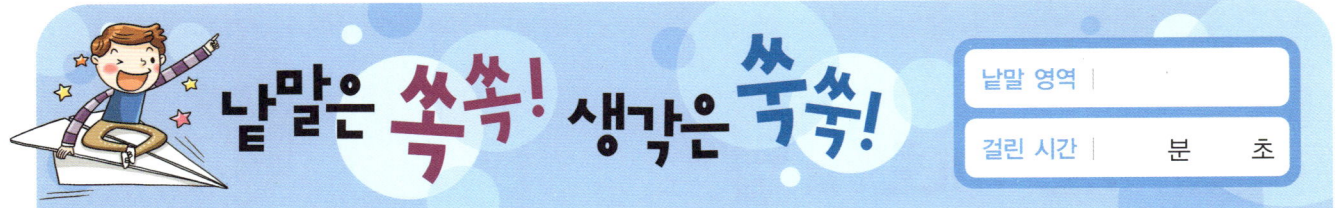

 **그림으로 낱말 찾기**

지시선이 가리키는 그림을 보고 사물의 이름이나 행동, 상태 등에 해당하는 낱말을 보기 에서 찾아 □ 안에 쓰세요.

❶ 움직씨

❷ 움직씨

❸ 이름씨

❹ 이름씨

❺ 이름씨

보기 • 콩팥 • 방광 • 갈증 • 감각 • 감지 • 호흡하다 • 소화하다 • 배설 • 신경 • 질병

 **낱말 뜻 알기**

□ 안에는 어떤 낱말의 첫 글자가 쓰여 있습니다. 이 첫 글자를 참고하여 □에 알맞은 말을 넣어 낱말 풀이를 완성해 보세요.

❶ **갈증** : 목이 말라 물을 마□고 싶은 느□.

❷ **감각** : 눈, 코, 귀, 혀, 살□을 통하여 외부의 어떤 자□을 알아차림.

❸ **호흡하다** : 생물이 바깥으로부터 산□를 흡수하고 이□□□□를 몸 밖으로 내보내다.

❹ **소화하다** : 섭□한 음식물을 분□하여 영양분을 흡□하기 쉬운 형태로 변화시키다.

❺ **신경** : 생물이 자신의 몸과 주위의 변□를 감지하고 적절한 반□을 일으키도록 하는 기관.

 **낱말 친구 사총사**

다음 밑줄 친 낱말의 뜻이 다른 셋과 같지 않은 것은 어느 것인지 번호를 고르세요.

 ① **소화**를 편하게 하기 위해서 음식물을 꼭꼭 씹어야 해.

 ② 식도와 위는 **소화**를 담당하는 기관이야.

 ③ **소화**제는 가까운 약국에서 구입할 수 있어.

 ④ 점화를 했으면 **소화**까지도 신경 써야 돼.

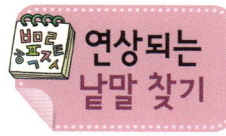 **연상되는 낱말 찾기**

다음은 세 낱말을 보고 공통으로 연상되는 낱말을 찾는 문제입니다. 세 낱말과 관련 있는 낱말을 써 보세요.

오줌	저장	주머니	→	
들숨	날숨	허파	→	
질환	탈	병	→	

 **짧은 글짓기**

주어진 낱말을 이용하여 보기 와 같은 형식으로 짧은 글을 지어 보세요.

| 보기 | 누가 + 언제 + 왜 + 어떻게 했다 |

갈증	
감지	
신경	

낱말 쌈 싸 먹기

알쏭달쏭 헷갈리는 맞춤법, 띄어쓰기, 관용어, 한자어가 이제 한입에 쏙!
하루에 한 쪽씩 맛있게 냠냠 해치우자!

맞춤법
다음 문장에서 ( ) 안의 낱말 중 맞춤법이 맞는 낱말에 ○표 하세요.

(산수갑산 , 삼수갑산)을 가더라도 우선 먹고 보자.

띄어쓰기
주어진 두 문장 중 하나에는 띄어쓰기가 틀린 부분이 있습니다. 둘 중 바르게 띄어쓰기를 한 문장을 찾아서 ○표 하세요.

㉮ 여러분, 모두 **오른편**에 서 주세요.
㉯ 여러분, 모두 **오른 편**에 서 주세요.

도움말 '오른쪽'을 뜻하는 한 낱말입니다.

관용어
□ 안에 낱말을 넣어서 그림 속 상황과 어울리는 속담이나 격언 등을 만들어 보세요.

설마가 □□ 잡는다

한자어
글의 의미에 맞게 □ 안에 들어갈 알맞은 사자성어를 **보기**에서 찾아 써 보세요.

의적 홍길동을 □□□□ 와 같은 좀도둑으로 볼 수는 없습니다.

보기 • 양상군자(梁上君子) • 필부필녀(匹夫匹女) • 삼척동자(三尺童子)

공부를 시작하기 전에 가볍게 머리를 풀어 보아요!

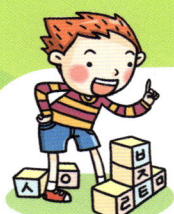

가로·세로 낱말 만들기

28

주어진 글자를 연결하여 27 회에 공부한 낱말을 만들어 보세요.

		지	배				
				방	증		

경	갈	광	지	배
감	설	증	신	방

★ 도전 시간 | 1분

★ 만들 낱말 수 | 5개

★ 만든 낱말 수 | 개

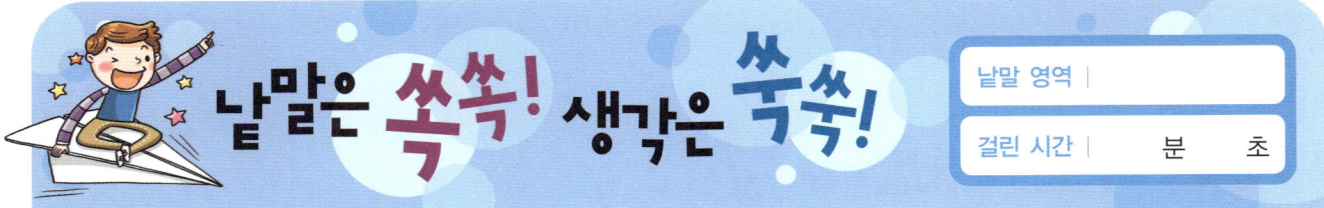

 **그림으로 낱말 찾기**

지시선이 가리키는 그림을 보고 사물의 이름이나 행동, 상태 등에 해당하는 낱말을 **보기**에서 찾아 □ 안에 쓰세요.

보기 • 화목 • 용서 • 인류애 • 구호 • 고장 • 공휴일 • 학부모 • 동창회 • 바자회 • 경로당

낱말 뜻 알기

□ 안에는 어떤 낱말의 첫 글자가 쓰여 있습니다. 이 첫 글자를 참고하여 □에 알맞은 말을 넣어 낱말 풀이를 완성해 보세요.

❶ **화목** : 서로 뜻이 맞고 정이 두󰋫󰋫.

❷ **용서** : 지은 죄나 잘󰋫한 일에 대하여 꾸󰋫거나 벌하지 아니하고 덮어 줌.

❸ **구호** : 집회나 시󰋫 등에서 요󰋫나 주장 따위를 간결한 형식으로 표󰋫한 문구.

❹ **공휴일** : 국경일, 경축일, 일요일 등 국󰋫나 사󰋫에서 정하여 다함께 쉬는 날.

❺ **동창회** : 같은 학교를 졸󰋫한 사람들이 모여 서로 친󰋫을 도󰋫하고자 만든 모임.

 **낱말 친구 사총사**

다음 밑줄 친 낱말의 뜻이 다른 셋과 같지 않은 것은 어느 것인지 번호를 고르세요.

 ① 이번에는 **구호**를 무엇으로 정하면 좋을까?

 ② **구호**의 손길이 미치지 못하는 곳이 많은 것 같아.

 ③ 사람들이 모여서 **구호**를 외치고 있었어.

 ④ 거창한 **구호**보다는 실천이 더 중요해.

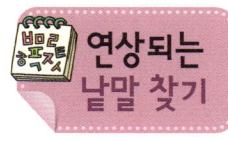 **연상되는 낱말 찾기**

다음은 세 낱말을 보고 공통으로 연상되는 낱말을 찾는 문제입니다. 세 낱말과 관련 있는 낱말을 써 보세요.

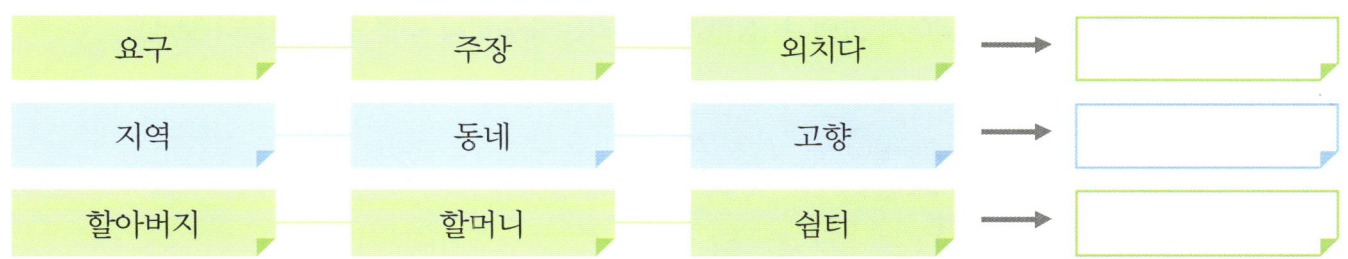

 **짧은 글짓기**

주어진 낱말을 이용하여 보기 와 같은 형식으로 짧은 글을 지어 보세요.

보기   누가 + 왜 + 어떻게 하기로 했다

공휴일

학부모

동창회

낱말 쌈 싸 먹기

알쏭달쏭 헛갈리는 맞춤법, 띄어쓰기, 관용어, 한자어가 이제 한입에 쏙!
하루에 한 쪽씩 맛있게 냠냠 해치우자!

맞춤법
다음 문장에서 맞춤법이 틀린 낱말을 찾아 바르게 고쳐 써 보세요.

그 아저씨는 삯월세를 내지 못해 쫓겨날 처지입니다.   (   ) → (   )

띄어쓰기
주어진 두 문장 중 하나에는 띄어쓰기가 틀린 부분이 있습니다. 둘 중 바르게 띄어쓰기를 한 문장을 찾아서 ○표 하세요.

㉮ 우리 가족이 배불리 **먹을만큼만** 주시오.   **㉯** 우리 가족이 배불리 **먹을 만큼만** 주시오.

도움말 '만큼'이 의존명사로 사용되었습니다.

관용어
☐ 안에 낱말을 넣어서 그림 속 상황과 어울리는 속담이나 격언 등을 만들어 보세요.

손바닥으로 ☐☐ 가리기

한자어
글의 의미에 맞게 ☐ 안에 들어갈 알맞은 한자어를 **보기**에서 찾아 써 보세요.

한반도 문제를 ☐☐적으로 해결하기 위하여 주변 나라의 정상들이 ☐☐할 것입니다.

보기   • 觀光   • 物資   • 外交   • 訪韓

가로·세로 낱말 만들기

29

 주어진 글자를 연결하여 **28**회에 공부한 낱말을 만들어 보세요.

		구					
		인		목			
				자			

자	호	류	바	화
애	목	회	구	인

- ★ 도전 시간 | **1분**
- ★ 만들 낱말 수 | **4개**
- ★ 만든 낱말 수 | 개

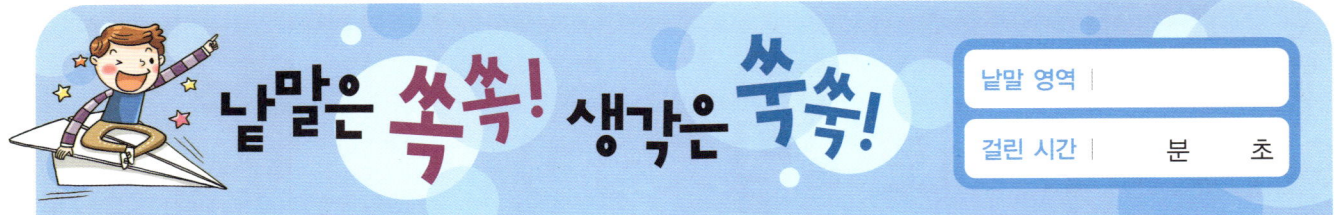

 **그림으로 낱말 찾기**

지시선이 가리키는 그림을 보고 사물의 이름이나 행동, 상태 등에 해당하는 낱말을 보기에서 찾아 □ 안에 쓰세요.

❶ 이름씨
❷ 이름씨
❸ 이름씨
❹ 이름씨
❺ 이름씨

보기 • 수저 • 향신료 • 치즈 • 소시지 • 피망 • 마요네즈 • 샌드위치 • 제과점 • 조리 • 설거지

낱말 뜻 알기

□ 안에는 어떤 낱말의 첫 글자가 쓰여 있습니다. 이 첫 글자를 참고하여 □에 알맞은 말을 넣어 낱말 풀이를 완성해 보세요.

❶ **수저** : 숟[ ]과 젓[ ]을 아울러 이르는 말.
❷ **향신료** : 음식에 맵거나 향기로운 맛을 더하는 조[ ]. 양[ ]이라고도 함.
❸ **치즈** : 우[ ] 속에 있는 카세인을 뽑아 응[ ], 발[ ]한 식품.
❹ **제과점** : 과[ ]나 빵을 만들어 파는 가[ ].
❺ **설거지** : 먹고 난 뒤의 그[ ]을 씻어 정[ ]하는 일.

 **낱말 친구 사총사**

다음 의 글에서 밑줄 친 말이 뜻하는 것을 올바르게 말하고 있는 친구는 누구인지 고르세요.

> 보기 이번 반장 선거에서 어느 쪽도 지지할 수 없는 **샌드위치가 되어** 버렸어.

 ① 기분이 매우 유쾌하다는 뜻이야.

 ② 당당하고 자신감이 넘친다는 뜻이야.

 ③ 남들이 나를 칭찬한다는 뜻이야.

 ④ 사이에 끼어 이러지도 저러지도 못한다는 뜻이야.

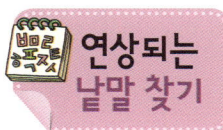 **연상되는 낱말 찾기**

다음은 세 낱말을 보고 공통으로 연상되는 낱말을 찾는 문제입니다. 세 낱말과 관련 있는 낱말을 써 보세요.

서양	고기	순대	→	
서양 고추	맵지 않다	빨강, 파랑	→	
음식	재료	만들다	→	

 **짧은 글짓기**

주어진 낱말을 이용하여 보기와 같은 형식으로 짧은 글을 지어 보세요.

> 보기 누가 + 왜 + 무엇을 + 어떻게 했다

마요네즈	
샌드위치	
제과점	

낱말 쌈 싸 먹기

알쏭달쏭 헷갈리는 맞춤법, 띄어쓰기, 관용어, 한자어가 이제 한입에 쏙!
하루에 한 쪽씩 맛있게 냠냠 해치우자!

맞춤법 다음 문장에서 ( ) 안의 낱말 중 맞춤법이 맞는 낱말에 ○표 하세요.

이곳에는 (예스러운 , 옛스러운) 집들이 참 많군요.

띄어쓰기 주어진 두 문장 중 하나에는 띄어쓰기가 틀린 부분이 있습니다. 둘 중 바르게 띄어쓰기를 한 문장을 찾아서 ○표 하세요.

㉮ **맨 처음** 도착한 사람은 기순이었다.   ㉯ **맨처음** 도착한 사람은 기순이었다.

도움말 '맨'은 '처음'을 꾸며 주는 낱말로 사용되었습니다.

관용어 □ 안에 낱말을 넣어서 그림 속 상황과 어울리는 속담이나 격언 등을 만들어 보세요.

□□도 마주쳐야 소리가 난다

한자어 글의 의미에 맞게 □ 안에 들어갈 알맞은 한자어를 보기에서 찾아 써 보세요.

그는 1등 선수가 실격되는 바람에 □□□□로 우승했다.

보기 · 순망치한(脣亡齒寒)   · 어부지리(漁父之利)   · 정저지와(井底之蛙)

가로·세로 낱말 만들기

 주어진 글자를 연결하여 ㉙회에 공부한 낱말을 만들어 보세요.

			소				
			망				
			신				
			조				

지	망	신	시	리
향	조	소	피	료

★ 도전 시간 | **1분**
★ 만들 낱말 수 | **4개**
★ 만든 낱말 수 | 　　개

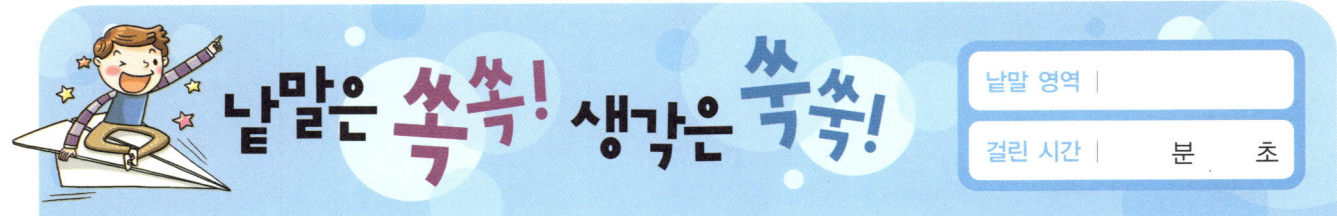

| 낱말 영역 | |
| 걸린 시간 | 분   초 |

 **그림으로 낱말 찾기**

지시선이 가리키는 그림을 보고 사물의 이름이나 행동, 상태 등에 해당하는 낱말을 보기 에서 찾아 □ 안에 쓰세요.

❶ 이름씨
❷ 이름씨
❸ 이름씨
❹ 이름씨
❺ 이름씨
❻ 이름씨

보기 • 근력   • 지구력   • 보건   • 위생   • 체조   • 철봉   • 곤봉   • 구름판   • 착지   • 장애물

낱말 뜻 알기

□ 안에는 어떤 낱말의 첫 글자가 쓰여 있습니다. 이 첫 글자를 참고하여 □에 알맞은 말을 넣어 낱말 풀이를 완성해 보세요.

❶ **보건** : 병의 예방, 치□ 등으로 사람의 건□ 과 생□ 을 보호하고 증진하는 일.
❷ **위생** : 건강에 유□ 하도록 조건을 갖추거나 대□ 을 세우는 일.
❸ **구름판** : 멀□□□ 나 뜀□ 운동 등을 할 때 뛰기 직전에 발을 구르는 판.
❹ **착지** : 체조 등에서 공□ 동작을 마치고 땅□□ 에 내려섬.
❺ **장애물** : 가로막아서 방□ 가 되는 사□ .

 **낱말 친구 사총사**

다음 밑줄 친 낱말 중 다른 셋을 포함하는 <u>큰 말</u>에 해당하는 낱말을 고르세요.

①  **평균대**에서 점프를 하다가 떨어졌어.

②  도움닫기를 할 때 **구름판**을 정확하게 밟아 줘야 돼.

③  **체조**를 할 때는 동작의 정확성과 호흡이 중요해.

④  **착지**가 불안해서 점수를 많이 받지 못할 것 같아.

 **연상되는 낱말 찾기**

다음은 세 낱말을 보고 공통으로 연상되는 낱말을 찾는 문제입니다. 세 낱말과 관련 있는 낱말을 써 보세요.

신체	동작	스트레칭	→	
체조	쇠막대	기둥	→	
체조	나무	깎다	→	

 **짧은 글짓기**

주어진 낱말을 이용하여 보기 와 같은 형식으로 짧은 글을 지어 보세요.

> **보기** 누가 + 왜 + 어디서 + 어떻게 하는 것이 좋다

근력	
지구력	
장애물	

낱말 쌈 싸 먹기

알쏭달쏭 헷갈리는 맞춤법, 띄어쓰기, 관용어, 한자어가 이제 한입에 쏙!
하루에 한 쪽씩 맛있게 냠냠 해치우자!

맞춤법 다음 문장에서 맞춤법이 틀린 낱말을 찾아 바르게 고쳐 써 보세요.

옷은 맵씨 있게 입어야 하지.   (　　　　) → (　　　　)

띄어쓰기 주어진 두 문장 중 하나에는 띄어쓰기가 틀린 부분이 있습니다. 둘 중 바르게 띄어쓰기를 한 문장을 찾아서 ○표 하세요.

㉮ 집에 **오는데** 개가 달려들어 무서웠어.
㉯ 집에 **오는 데** 개가 달려들어 무서웠어.

도움말 '데'는 어미로 사용되었습니다.

관용어 □ 안에 낱말을 넣어서 그림 속 상황과 어울리는 속담이나 격언 등을 만들어 보세요.

오랜만에 고국에 오니 참 많이 변했구려.
그래요, 그 많던 논밭에 아파트 단지가 들어섰네요.

십 년이면 □□도 변한다

한자어 글의 의미에 맞게 □ 안에 들어갈 알맞은 한자어를 보기에서 찾아 써 보세요.

□□ 상황에서 자신의 일처럼 친구를 돕는 모습에서 진정한 □□을 느낄 수 있었다.

보기 · 危機 · 和合 · 信賴 · 友情

| 부록 |
한글 맞춤법 알아보기

공습국어 초등어휘의 낱말 쌈 싸먹기 꼭지에서는 맞춤법과 띄어쓰기, 그리고 관용어와 관련된 문제를 풀게 됩니다. 그런데 맞춤법이나 띄어쓰기의 경우 미리 약속한 규칙이 있어서 이를 잘 알지 못하면 문제를 풀기 쉽지 않습니다. 따라서 문제를 풀기 전에 맞춤법과 띄어쓰기에 관련하여 약속된 규칙을 꼼꼼히 살펴보는 것이 필요합니다.

한글 맞춤법 알아보기에서는 국립국어원의 한글 맞춤법과 표준어 규정 중에서 낱말 쌈 싸먹기의 맞춤법과 띄어쓰기에 나오는 낱말에 해당하는 규칙들을 살펴 볼 것입니다. 문법 용어나 설명하는 내용이 다소 어렵게 느껴지겠지만 문제를 풀기 위해서 꼭 알아두어야 할 규칙이므로 자주 읽어보면서 머릿속에 기억해 두기 바랍니다.

★ 맞춤법과 띄어쓰기와 관련된 용어 및 설명은 국립국어원 홈페이지(www.korean.go.kr)의 어문 규정을 따랐음을 밝힙니다. 아울러 지면상 본 교재에서 다루지 못한 부분이나 맞춤법과 띄어쓰기에 관련된 좀 더 자세한 정보는 국립국어원 홈페이지를 참고해 주시기 바랍니다.

한글 맞춤법의 기본 원칙

한글 맞춤법 총칙 1장 1항에 보면 '한글 맞춤법은 표준어를 소리대로 적되, 어법에 맞도록 함을 원칙으로 한다.'라고 되어 있습니다. 우리말은 표음문자, 즉 말소리를 그대로 기호로 나타낸 문자이기 때문에 소리대로 글자를 적지만 모든 낱말을 소리대로 적을 수는 없습니다. 왜냐하면 우리말에는 소리가 비슷한 낱말들이 많이 있고 같은 글자라도 어떤 글자와 결합하느냐에 따라 소리가 달라져서 소리대로 적을 경우 그 뜻을 분간하기 어렵기 때문입니다. 꽃을 예를 들어 설명해 볼까요?

- 꽃이 ➡ 꼬치
- 꽃나무 ➡ 꼰나무
- 꽃밭 ➡ 꼳빧

위와 같이 소리대로 적으면 '꽃'이라고 하는 원래 모양이 사라져 버리고 글자 모양도 매번 달라져서 뜻을 파악하기가 매우 불편해집니다. 그래서 소리대로 적긴 하지만 원래 모양을 밝혀 적어야 함을 원칙으로 세운 것입니다.

그럼 맞춤법에 맞게 글을 쓰기 위해 알아 두어야 할 몇 가지 규칙을 살펴볼까요?

● **된소리가 나지만 된소리로 적지 않는 경우**

된소리는 'ㄲ, ㄸ, ㅃ, ㅆ, ㅉ'으로 발음되는 소리입니다. 다음은 된소리가 나지만 된소리로 적지 않는 경우입니다.

- 국수(O), 국쑤(X)
- 깍두기(O), 깍뚜기(X)
- 갑자기(O), 갑짜기(X)
- 법석(O), 법썩(X)
- 뚝배기(O), 뚝빼기(X)
- 납작하다(O), 납짝하다(X)
- 떡볶이(O), 떡뽁끼(X)
- 몹시(O), 몹씨(X)
- 거꾸로(O), 꺼꾸로(X)
- 고깔(O), 꼬깔(X)
- 눈곱(O), 눈꼽(X)
- 돌부리(O), 돌뿌리(X)

● **예사소리가 아니라 된소리나 거센 소리로 적어야 하는 경우**

된소리나 거센 소리로 적어야 하는 낱말 중 예사소리로 적는 것으로 잘못 알고 있는 경우가 있습니다. 다음은 된소리로 적어야 하는 낱말입니다.

- 나무꾼(O), 나뭇군(X)
- 날짜(O), 날자(X)
- 살코기(O), 살고기(X)
- 눈썹(O), 눈섶(X)
- 머리카락(O), 머리가락(X)
- 수탉(O), 수닭(X)
- 팔꿈치(O), 팔굼치(X)

● 'ㅈ, ㅊ'으로 소리가 나도 'ㄷ, ㅌ'으로 적는 경우

'ㄷ, ㅌ' 받침이 있는 글자 다음에 '이'나 '히'가 와서 'ㅈ, ㅊ'으로 소리가 나더라도 'ㄷ, ㅌ'으로 적습니다.

- 해돋이(○), 해도지(×)
- 끝이(○), 끄치(×)
- 닫히다(○), 다치다(×)

● 한자어의 첫소리가 'ㄴ, ㄹ'일 때 'ㅇ'으로 적는 경우

한자음 '녀, 뇨, 뉴, 니'가 낱말의 첫머리에 올 적에는, '여, 요, 유, 이'로 적습니다. 또한 한자음 '랴, 려, 례, 료, 류, 리'가 낱말의 첫머리에 올 때에도, '야, 여, 예, 요, 유, 이'로 적습니다.

- 여자(○), 녀자(×)
- 연세(○), 년세(×)
- 요소(○), 뇨소(×)
- 양심(○), 량심(×)
- 역사(○), 력사(×)
- 예의(○), 례의(×)

● 한자어의 첫소리가 'ㄹ'일 때 'ㄴ'으로 적는 경우

한자음 '라, 래, 로, 뢰, 루, 르'가 단어의 첫머리에 올 적에는, '나, 내, 노, 뇌, 누, 느'로 적습니다.

- 낙원(○), 락원(×)
- 내일(○), 래일(×)
- 노동(○), 로동(×)

● 받침소리가 원래 글자와 다른 경우

우리말 받침소리는 'ㄱ, ㄴ, ㄷ, ㄹ, ㅁ, ㅂ, ㅇ'의 7개 자음만 발음하지만 받침에는 쌍자음을 비롯하여 모든 자음을 쓸 수 있습니다. 따라서 소리 나는 대로 받침을 적을 경우 틀릴 수 있으니 주의해야 합니다.

- 곶감(○), 곧깜(×)
- 갓길(○), 갇낄(×)
- 곳간(○), 곧깐(×)
- 깎다(○), 깍따(×)
- 꺾다(○), 꺽따(×)
- 닭다(○), 닥따(×)
- 굵다(○), 굼따(×)
- 넓다(○), 널따(×)
- 무릎(○), 무릅(×)
- 옛날(○), 옌날(×)
- 풀잎(○), 풀입(×)
- 넋두리(○), 넉두리(×)
- 여덟(○), 여덜(×)
- 이튿날(○), 이튼날(×)
- 싫증(○), 실쯩(×)
- 부엌(○), 부억(×)

● 발음이 비슷하여 잘못 쓰기 쉬운 경우 1

모음 'ㅔ'와 'ㅐ', 그리고 'ㅖ'는 소리를 구별하기 어려워 잘못 쓰기 쉽습니다.

- 가게(O), 가개(X)
- 핑계(O), 핑게(X)
- 게양(O), 계양(X)
- 어깨(O), 어께(X)
- 돌멩이(O), 돌맹이(X)
- 메밀국수(O), 매밀국수(X)
- 메뚜기(O), 매뚜기(X)
- 절레절레(O), 절래절래(X)
- 휴게실(O), 휴계실(X)
- 지게(O), 지개(X)
- 수수께끼(O), 수수깨끼(X)
- 찌개(O), 찌게(X)
- 게시판(O), 계시판(X)
- 베개(O), 배개(X)
- 지우개(O), 지우게(X)
- 술래잡기(O), 술레잡기(X)

● 발음이 비슷하여 잘못 쓰기 쉬운 경우 2

모음 'ㅣ'와 'ㅢ'는 소리를 구별하기 어려워 잘못 쓰기 쉽습니다.

- 무늬(O), 무니(X)

● 한 낱말 안에서 같은 음절이나 비슷한 음절이 겹쳐 나는 경우

한글 맞춤법에서는 낱말 안에서 같은 음절이나 비슷한 음절이 겹쳐 나면 같은 글자로 적습니다. 예를 들어 '딱따구리'는 'ㄸ' 음이 한 낱말에서 겹쳐나기 때문에 '딱다구리'라고 쓰지 않습니다.

- 짭짤하다(O), 짭잘하다(X)
- 똑딱똑딱(O), 똑닥똑닥(X)
- 쓸쓸하다(O), 쓸슬하다(X)
- 꼿꼿하다(O), 꼿곳하다(X)
- 씩씩하다(O), 씩식하다(X)
- 밋밋하다(O), 민밋하다(X)

● '-장이'로 쓰는 경우와 '-쟁이'로 쓰는 경우

기술자를 뜻할 때는 '-장이'로, 그 외에는 '-쟁이'로 써야 합니다.

- 멋쟁이(O), 멋장이(X)
- 미장이(O), 미쟁이(X)
- 개구쟁이(O), 개구장이(X)
- 대장장이(O), 대장쟁이(X)
- 난쟁이(O), 난장이(X)
- 겁쟁이(O), 겁장이(X)

● **의성어와 의태어에서 모음조화 현상을 따르지 않는 경우**

모음을 구분할 때 'ㅏ, ㅗ' 따위를 양성 모음이라고 하고, 'ㅓ, ㅜ' 따위를 음성 모음이라고 합니다. 모음조화란 양성 모음은 양성 모음끼리, 음성 모음은 음성 모음끼리 어울리는 현상을 말합니다. '얼룩덜룩', '알록달록'과 같이 소리나 모양을 흉내 낸 의성어와 의태어의 경우는 모음조화의 원칙에 따라 낱말을 적습니다. 하지만 모음조화 현상을 따르지 않는 예외도 있습니다. 이 예외적인 경우 이외에는 모음조화 현상에 따라 의성어와 의태어를 써야 합니다.

- 오순도순(○), 오손도손(✕)
- 깡충깡충(○), 깡총깡총(✕)
- 소꿉장난(○), 소꼽장난(✕)

● **발음에 변화가 일어나 새롭게 정한 표준어**

원래는 둘 다 표준어였지만 자음이나 모음의 발음에 변화가 일어나 하나만 둘 중 하나만 표준어가 된 경우가 있습니다. 표준어와 비표준어를 혼동하지 않도록 주의 합니다.

- 강낭콩(○), 강남콩(✕)
- 부딪치다(○), 부딪히다(✕)
- 빈털터리(○), 빈털털이(✕)
- 숟가락(○), 숫가락(✕)
- 짜깁기(○), 짜집기(✕)
- 무(○), 무우(✕)
- 내로라하다(○), 내노라하다(✕)
- 서슴지(○), 서슴치(✕)
- 셋째(○), 세째(✕)
- 없음(○), 없슴(✕)
- 할게(○), 할께(✕)
- 구절(○), 귀절(✕)
- 미숫가루(○), 미싯가루(✕)
- 홀아비(○), 홀애비(✕)
- 며칠(○), 몇일(✕)
- 상추(○), 상치(✕)
- 삐치다(○), 삐지다(✕)
- 사글세(○), 삯월세(✕)
- 자장면(○), 짜장면(✕)
- 김치 소(○), 김치 속(✕)
- 뒤꼍(○), 뒤켠(✕)
- 넉넉지(○), 넉넉치(✕)
- 수탉(○), 숫닭(✕)
- 엊그저께(○), 엇그저께(✕)
- 해님(○), 햇님(✕)
- 끼어들다(○), 끼여들다(✕)
- 트림(○), 트름(✕)
- 쌍둥이(○), 쌍동이(✕)
- 맞추다(○), 마추다(✕)
- 설거지(○), 설겆이(✕)
- 삼수갑산(○), 산수갑산(✕)
- 수퇘지(○), 숫돼지(✕)
- 우레(○), 우뢰(✕)
- 멀리뛰기(○), 넓이뛰기(✕)
- 발다리(○), 밧다리(✕)
- 수평아리(○), 숫평아리(✕)
- 암캐(○), 암개(✕)
- 어쨌든(○), 여쨌든(✕)
- 예쁘다(○), 이쁘다(✕)
- 할인(○), 활인(✕)
- 장구(○), 장고(✕)

● **뜻을 구별하여 사용해야 하는 낱말**

우리말에는 뜻은 다른데 글자나 발음이 비슷한 낱말이나 둘 이상의 낱말이 비슷한 뜻을 가져서 어떤 낱말을 사용해야 할지 애매한 경우가 많이 있습니다.

- 걸음 : '걷다'의 명사형 / 거름 : 땅을 기름지게 하는 물질
- 바라다 : 그렇게 되었으면 하고 생각하다. / 바래다 : 색이 바래다. 또는 배웅하다.
- 얼음 : 물이 굳은 것 / 어름 : 구역과 구역의 경계점
- 웃옷 : 겉에 입는 옷 / 윗옷 : 위에 입는 옷
- 장사 : 물건을 파는 일 / 장수 : 장사하는 사람
- 짖다 : 소리를 내다. / 짓다 : 무엇을 만들다.
- 가리키다 : 방향이나 대상을 알리다. / 가르치다 : 지식이나 기능을 알게 하다.
- 다르다 : 서로 같지 않다. / 틀리다 : 그르거나 어긋나다.
- 반듯이 : 굽지 않고 바르다. / 반드시 : 틀림없이, 꼭
- 부치다 : 편지나 물건 등을 보내다. / 붙이다 : 떨어지지 않게 하다.
- 잊어버리다 : 생각이 나지 않다. / 잃어버리다 : 물건이 없어져 갖고 있지 않다.
- 늘리다 : 커지거나 많게 되다. / 늘이다 : 원래보다 더 길게 하다.
- 돋구다 : 안경의 도수 따위를 높이다. / 돋우다 : 위로 올려 도드라지거나 높아지게 하다.
- 댕기다 : 불이 옮아 붙다. / 당기다 : 마음이나 몸이 끌리다.
- 다리다 : 다리미로 옷을 문지르다. / 달이다 : 액체 따위를 끓여서 진하게 만들다.
- 비치다 : 빛을 받아 모양이 나타나 보이다. / 비추다 : 빛을 다른 대상이 받게 하다.
- 빌다 : 간청하거나 호소하다. / 빌리다 : 남의 물건이나 돈을 얼마 동안 쓰다.
- 살지다 : 살이 많고 튼실하다. / 살찌다 : 몸에 살이 필요 이상으로 많아지다.
- 벌이다 : 일 따위를 시작하거나 펼쳐 놓다. / 벌리다 : 둘 사이를 넓히거나 멀게 하다.

띄어쓰기의 기본 원칙

한글 맞춤법 1장 2항에 의하면 '문장의 각 단어는 띄어 씀을 원칙으로 한다.'고 되어 있습니다. 그렇다고 모든 낱말을 띄어서 쓰는 것은 아닙니다. '나는 학생입니다.'라는 문장을 보면 '나'와 '는'은 각각 다른 낱말이지만 붙여 쓴 걸 알 수 있습니다. 두 낱말은 붙여 쓴 것은 '는'이 독자적인 의미를 갖고 있지 않기 때문입니다.

이처럼 낱말을 붙여 쓸 때도 있기 때문에 띄어쓰기는 항상 헷갈리지만 몇 가지 규칙을 기억해 두면 띄어쓰기에 대해 자신감을 가질 수 있을 것입니다.

● **조사는 그 앞말에 붙여 쓴다**

낱말은 명사(이름씨), 동사(움직씨), 형용사(그림씨), 부사(어찌씨), 조사 등과 같이 품사에 따라 구분할 수 있는데, 조사는 독자적인 의미가 없이 명사 뒤에 붙어 명사를 주어, 목적어, 서술어 등으로 만드는 기능적 역할을 담당합니다.

~까지	학교**까지**	~치고	양반**치고**	~밖에	너**밖에**
~같이	사자**같이**	~(이)든지	누구**든지**	~대로	이**대로**
~더러	누구**더러**	~조차	너**조차**	~에설랑	바다에**설랑**
~처럼	처음**처럼**	~보다	양**보다**	~마따나	말**마따나**
~한테	삼촌**한테**	~(은)커녕	짐승은**커녕**	~마다	사람**마다**
~마저	엄마**마저**	~(이)나마	조금이**나마**	~라야만	너**라야만**

● **의존 명사는 앞말과 띄어 쓴다**

의존 명사는 다른 명사에 기대어 쓰는 형식적인 낱말로 조사와 비슷하지만 명사의 성격을 갖고 있기 때문에 조사와는 달리 앞말에 붙여 쓰지 않고 띄어 씁니다. 띄어쓰기를 틀리는 대부분의 경우를 보면 어떤 낱말을 접했을 때 이것이 의존명사인지 아닌지 헷갈려하기 때문입니다. 따라서 의존명사를 확실히 알아두는 것이 띄어쓰기를 잘하는 지름길입니다.

단위나 수량을 나타내는 의존명사					
개	한 **개**, 두 **개**	분	한 **분**, 어떤 **분**	자루	연필 한 **자루**
줄	한 **줄**, 두 **줄**	마리	닭 한 **마리**	다발	꽃 한 **다발**
그루	나무 한 **그루**	켤레	신발 한 **켤레**	방	홈런 한 **방**
근	돼지고기 한 **근**	채	집 한 **채**	포기	풀 한 **포기**

단위나 수량을 나타내는 의존명사					
모금	물 한 **모금**	주먹	한 **주먹**	톨	밤 한 **톨**
가지	한 **가지**, 몇 **가지**	척	배 한 **척**	벌	옷 한 **벌**
살	아홉 **살**, 열 **살**	대	차 한 **대**	장	종이 한 **장**

꾸며주는 말 뒤에서 쓰이는 의존명사					
지	떠난 **지**	쪽	어느 **쪽**	차	가려던 **차**
만큼	노력한 **만큼**	양	바보인 **양**	터	내일 갈 **터**
채	모르는 **채**	수	이럴 **수**가	만	좋아할 **만**도
척	아는 **척**	데	사는 **데**	자	맞설 **자**가
바	뜻한 **바**	이	아는 **이**	것	어느 **것**
대로	느낀 **대로**	쪽	가까운 **쪽**	분	착한 **분**
탓	게으른 **탓**	듯	자는 **듯**	체	잘난 **체**
줄	그럴 **줄**	딴	제 **딴**에는	나위	더할 **나위**
따름	웃을 **따름**	뿐	보낼 **뿐**	둥	하는 **둥**
때문	너 **때문**	뻔	다칠 **뻔**	따위	너 **따위**
리	그럴 **리**가	나름	하기 **나름**		

두 말을 이어주거나 열거하는 의존명사					
등	국어, 수학, 영어 **등**	대	청군 **대** 백군	내지	열 **내지** 스물
겸	차장 **겸** 팀장	및	선생님 **및** 학부모님	등지	광주, 대구 **등지**

호칭이나 관직과 관련된 의존명사					
군	홍길동 **군**	박사	아인슈타인 **박사**	씨	이몽룡**씨**

기타 의존명사			
편	기차 **편**	통	난리 **통**

● 접사는 낱말의 앞이나 뒤에 붙여 쓴다

접사는 홀로 쓰이지 않고 다른 낱말의 앞에 붙어서 새로운 뜻을 가진 낱말을 만드는 역할을 합니다. 낱말의 앞에 붙을 때는 접두사라고 하고, 뒤에 붙을 때는 접미사라고 합니다. 접사 중에는 관형사나 의존명사와 비슷한 글자가 많아 띄어쓰기를 틀리는 경우가 많으므로 잘 기억해 두세요.

맏	맏며느리	맨	맨발	풋	풋고추
한	한가운데	웃	웃어른	늦	늦더위
날	날고기	덧	덧버선	햇	햇과일
민	민소매	개	개꿈	돌	돌미역
맞	맞대결	설	설익다	강	강타자
홑	홑이불	새	새까맣다	선	선무당
헛	헛수고	알	알거지	맞	맞절
핫	핫바지	처	처먹다	짝	짝사랑
막	막노동	엿	엿듣다	질	걸레질
내	겨우내	꾼	구경꾼	둥이	귀염둥이
뱅이	가난뱅이	광	농구광	치	중간치

● 둘 이상의 낱말이 결합하여 붙여 쓰는 합성명사

명사와 명사가 결합하여 새로운 뜻을 가진 하나의 낱말이 되는 경우 두 낱말을 띄어 쓰지 않고 붙여 씁니다.

겉+모양	겉모양	길+바닥	길바닥	단풍+잎	단풍잎
그림+일기	그림일기	가을+밤	가을밤	말+없이	말없이
기와+집	기와집	꽃+가루	꽃가루	돌+잔치	돌잔치
몸+무게	몸무게	돼지+고기	돼지고기	말+버릇	말버릇
불+장난	불장난	고기잡이+배	고기잡이배	단발+머리	단발머리
막내+딸	막내딸	아침+밥	아침밥	웃음+바다	웃음바다
새끼+손가락	새끼손가락	단골+손님	단골손님	봄+빛	봄빛
밥+상	밥상	호박+엿	호박엿	송이+버섯	송이버섯
비+바람	비바람	바늘+구멍	바늘구멍	밥+그릇	밥그릇
묵+사발	묵사발	조각+구름	조각구름	물+장수	물장수

● 둘 이상의 동사가 결합하여 붙여 쓰는 복합동사

동사와 동사가 결합하여 새로운 뜻을 가진 하나의 낱말이 되는 경우 두 낱말을 띄어 쓰지 않고 붙여 씁니다.

가지다+가다	가져가다	걷다+가다	걸어가다	쫓기다+나다	쫓겨나다
구르다+가다	굴러가다	뛰다+다니다	뛰어다니다	올리다+놓다	올려놓다
찾다+보다	찾아보다	고맙다+하다	고마워하다	바라다+보다	바라보다
내리다+오다	내려오다	즐겁다+하다	즐거워하다	잡다+먹다	잡아먹다
따르다+가다	따라가다	기다+가다	기어가다	솟다+나다	솟아나다
하다+나다	해내다	무섭다+하다	무서워하다	달리다+가다	달려가다
벗다+나다	벗어나다	잡다+당기다	잡아당기다	그립다+하다	그리워하다
데리다+가다	데려가다	내리다+놓다	내려놓다	모이다+들다	모여들다
얻다+먹다	얻어먹다	뛰다+가다	뛰어가다	깨다+나다	깨어나다
잡다+가다	잡아가다	물리다+나다	물러나다	쫓다+가다	쫓아가다
튀다+나오다	뛰어나오다	돌다+가다	돌아가다	뛰다+나가다	뛰쳐나가다
스미다+들다	스며들다	거들뜨다+보다	거들떠보다		

공습국어 초등어휘

정답과 해설

5·6학년 심화 II

주니어 김영사

01회 | 16~18쪽

낱말은 쏙쏙! 생각은 쑥쑥!

★ 그림으로 낱말 찾기 ★
❶ 자취하다 ❷ 탁발하다 ❸ 정자 ❹ 선비 ❺ 취학

★ 낱말 뜻 알기 ★
❶ 승려, 동냥 ❷ 경치 ❸ 주장, 노동자, 작업 ❹ 손수, 생활 ❺ 교육, 학교

★ 낱말 친구 사총사 ★
❹

해설 ❶, ❷, ❸의 '자취'는 손수 밥을 지어 먹으면서 생활한다는 '自炊'입니다. 하지만 ❹의 '자취'는 어떤 것이 남긴 표시나 자리인 '自取'입니다.

★ 연상되는 낱말 찾기 ★
협상하다, 동포, 취학

★ 짧은 글짓기 ★
• 예 정자 근처에서는 사람들의 휴식에 방해가 되지 않도록 소란을 피우지 말자.
• 예 화학 공장에서는 위험한 독극물이 많기 때문에 함부로 물건을 만지지 말자.
• 예 도서관에서는 면학 분위기를 깨지 않도록 옛 선비들의 정신을 떠올리며 마음을 가다듬자.

낱말 쌈 싸 먹기

★ 맞춤법 ★
기다랗다

해설 '매우 길거나 생각보다 길다'라는 뜻을 나타내는 말은 '기다랗다'입니다.

★ 띄어쓰기 ★
㉮

해설 '총각무'는 '총각'과 '무'의 합성어로서 붙여 씁니다.

★ 관용어 ★
물, 사람

해설 그림은 말썽꾸러기인 현수가 어려운 이웃을 도왔다는 것을 알고 현수가 착한 마음씨를 가졌다는 것을 새삼 알게 된 상황을 묘사하고 있습니다. 이 상황에 어울리는 관용어에는 '열 길 물속은 알아도 한 길 사람의 속은 모른다'가 있습니다. 이 말은 물의 깊이는 헤아릴 수 있으나 사람의 마음은 헤아리기 어렵다는 뜻입니다.

★ 한자어 ★
무위도식(無爲徒食)

해설
• 호의호식(好衣好食) : 좋은 옷을 입고 좋은 음식을 먹음.
• 무위도식(無爲徒食) : 하는 일 없이 놀고먹음.
• 산해진미(山海珍味) : 산과 바다에서 나는 온갖 진귀한 물건으로 차린 맛이 좋은 음식.

02회  | 20~22쪽

낱말은 쏙쏙! 생각은 쑥쑥!

★ 그림으로 낱말 찾기 ★
❶ 첨단 ❷ 인공위성 ❸ 인터넷 ❹ 정보화 ❺ 문화재

★ 낱말 뜻 알기 ★
❶ 지식, 가공, 생산 ❷ 뾰족, 유행 ❸ 행성, 로켓 ❹ 공업, 원료 ❺ 연결, 정보, 통신망

★ 낱말 친구 사총사 ★
❷

해설 '조상', '민속', '문화재'는 모두가 과거나 전통에 관련된 낱말이지만, '원자재'는 산업이나 생산 활동과 관련된 낱말입니다.

★ 연상되는 낱말 찾기 ★
생명 공학, 문화재, 건국하다

★ 짧은 글짓기 ★
• 예 세계 각국은 우주 항공 기술을 선점하기 위해 인공위성 개발을 서두른다.
• 예 우리는 빠른 정보 수집을 위해 인터넷을 적극적으로 활용한다.
• 예 정부는 국가 경쟁력을 높이기 위해 생명 공학에 대한 지원을 아끼지 않는다.

낱말 쌈 싸 먹기

★ 맞춤법 ★
널판지 → 널빤지

해설 '판판하고 넓게 켠 나뭇조각'을 뜻하는 말은 '널빤지'입니다.

★ 띄어쓰기 ★
㉮

해설 금으로 만들거나 금으로 도금한 메달로, 주로 운동 경기나 그 밖의 각종 대회에서 우승한 사람에게 주는 '금메달'은 한 낱말로 붙여 씁니다.

★ 관용어 ★
구더기, 장

해설 그림은 인터넷이 가지고 있는 장점이 많은데도 게임 때문에 인터넷을 사용하지 못하게 하는 상황을 묘사하고 있습니다. 이 상황에 어울리는 관용어에는 '구더기 무서워서 장 못 담글까'가 있습니다. 이 말은 다소 방해되는 것이 있다 하더라도 마땅히 할 일은 하여야 함을 비유적으로 표현할 때 사용합니다.

★ 한자어 ★
寺院(사원), 省察(성찰)

03회 | 24~26쪽

★ 그림으로 낱말 찾기 ★
① 화강암 ② 현무암 ③ 용암 ④ 전구 ⑤ 화산

★ 낱말 뜻 알기 ★
① 가스, 지표 ② 분화구 ③ 나란히 ④ 연속적, 현상 ⑤ 전류

★ 낱말 친구 사총사 ★
④

해설 '화강암', '현무암', '용암'은 모두가 암석의 종류를 나타내는 낱말이지만, '보리암'은 절에 딸린 작은 암자에 붙이는 명칭입니다.

★ 연상되는 낱말 찾기 ★
회로, 누전, 전구

★ 짧은 글짓기 ★
• 예 배선 공사를 할 때 안전을 위해서는 전류가 흐르는지 확인해야 한다.
• 예 전기 실험을 할 때 전구 밝기를 높이려면 전지를 직렬로 연결해야 한다.
• 예 전기 실험을 할 때 전지 수명을 늘리려면 전구를 병렬로 연결해야 한다.

★ 맞춤법 ★
케케묵은

해설 '케케묵다'는 '물건 따위가 아주 오래되어 낡다.'라는 뜻을 가진 말로 '켸켸묵다', '캐캐묵다' 등으로 잘못 쓸 수 있으니 주의합니다.

★ 띄어쓰기 ★
㉮

해설 앞에서 말한 내용을 나타내는 의존명사 '바'는 앞말과 띄어 씁니다.

★ 관용어 ★
인(忍)

해설 그림은 화가 난 친구에게 일단 참으라고 말하는 상황을 묘사한 것입니다. 이 상황에 어울리는 관용어에는 '참을 인(忍)자 셋이면 살인도 피한다'가 있습니다. 이 말은 아무리 어려운 일이 있거나 분한 일이 있더라도 꾹 참는 것이 가장 좋다는 뜻입니다.

★ 한자어 ★
문전성시(門前成市)

해설 • 문전성시(門前成市) : 찾아오는 사람이 많아 집 문 앞이 시장을 이루다시피 함을 이르는 말.
• 삼십육계(三十六計) : 서른여섯 가지의 꾀. 위험한 순간이 닥쳐 몸을 피해야 할 때에는 싸우거나 다른 계책을 세우기보다 우선 피하는 것이 상책이라는 말.
• 일사천리(一瀉千里) : 강물이 빨리 흘러 천 리를 간다는 뜻으로, 어떤 일이 거침없이 빨리 진행됨을 이르는 말.

04회 | 28~30쪽

★ 그림으로 낱말 찾기 ★
① 대칭 ② 사다리꼴 ③ 마름모 ④ 합동

★ 낱말 뜻 알기 ★
① 분자, 분모 ② 정수, 진분수 ③ 실수 ④ 평행
⑤ 길이, 평행

★ 낱말 친구 사총사 ★
②

해설 ①, ③, ④의 '소수'는 적은 수효의 '少數'입니다. 하지만 ②의 '소수'는 0보다 크고 1보다 작은 실수인 '小數'입니다.

★ 연상되는 낱말 찾기 ★
대칭, 대응변, 합동

★ 짧은 글짓기 ★
• 예 올봄에 농촌 총각들이 바쁜 농사일 때문에 합동으로 결혼식을 올렸다.
• 예 올해 삼촌은 군대에서 진급을 해서 마름모 모양의 계급장을 새로 달았다.
• 예 1년 전부터 나는 규칙적인 식사와 운동을 해서 우리 반 평균 키를 넘어섰다.

★ 맞춤법 ★
늙으막 → 늘그막

해설 '늙어 가는 판, 늙었을 때, 말년'이라는 말로 '늘그막'이란 표현이 맞습니다. 준말은 '늘막'입니다.

★ 띄어쓰기 ★
㉯

해설 '눈웃음'은 '눈'과 '웃음'의 합성어입니다. 한 낱말이므로 붙여 씁니다.

★ 관용어 ★
떡, 김칫국

해설 그림은 조카가 어린이날 삼촌의 선물을 기대하지만 삼촌은 선물을 사 줄 생각이 없다는 상황을 묘사하고 있습니다. 이 상황에 어울리는 관용어에는 '떡 줄 사람은 꿈도 안 꾸는데 김칫국부터 마신다'가 있습니다. 이 말은 일이 다 된 것처럼 여기고 미리 기대한다는 뜻입니다.

★ 한자어 ★
辭典(사전), 單語(단어)

05회 | 32~34쪽

★ 그림으로 낱말 찾기 ★
① 평화통일 ② 이산가족 ③ 유럽 ④ 아시아 ⑤ 아메리카
⑥ 아프리카

★ 낱말 뜻 알기 ★
① 언어, 문화 ② 전쟁, 평화 ③ 분단, 소식 ④ 예속, 의존
⑤ 부유

★ 낱말 친구 사총사 ★
①

해설 '유럽', '아메리카', '아프리카'는 세계를 구성하는 각각의 대륙들입니다. 따라서 다른 셋을 포함하는 큰 말에 해당되는 것은 ① 세계입니다.

★ 연상되는 낱말 찾기 ★
독립, 부강, 아시아

★ 짧은 글짓기 ★
• **예** 우리는 가능한 빨리 민족 분단을 해소하기 위해 평화통일을 이룩해야 한다.

• **예** 우리는 앞으로 이산가족들이 아픔을 다시 겪지 않도록 전쟁을 막아야 한다.
• **예** 우리는 앞으로 후손들의 영원한 행복을 위해 올바른 문화를 전수해야 한다.

★ 맞춤법 ★
늠름

해설 발음은 [늠늠]이지만 올바른 표기법은 '늠름'입니다. '늠름하다'는 '위풍이 있고 당당하다.' 또는 '씩씩하다'라는 뜻입니다.

★ 띄어쓰기 ★
㉮

해설 '곧잘'은 '곧'과 '잘'이 합쳐져 '제법 잘'이라는 뜻의 한 낱말이 된 말로 붙여 씁니다. 이렇게 두 개의 부사가 합쳐져 만들어진 낱말 중에 '곧바로', '곧잘', '더욱더', '더한층', '똑같이', '또다시', '제아무리'와 같은 말은 붙여 씁니다.

★ 관용어 ★
부뚜막, 소금

해설 그림은 생활 계획표를 아무리 잘 만들어도 실천하지 않으면 소용이 없음을 말하고 있는 상황입니다. 이 상황에 어울리는 관용어에는 '부뚜막의 소금도 집어넣어야 짜다'가 있습니다. 이 말은 아무리 좋은 조건이 마련되었거나 손쉬운 일이라도 힘을 들여 하지 아니하면 안 됨을 비유적으로 표현할 때 사용합니다.

★ 한자어 ★
발본색원(拔本塞源)

해설 • 여리박빙(如履薄氷) : 살얼음을 밟는 것과 같다는 뜻으로, 아슬아슬하고 위험한 일을 비유적으로 이르는 말.
• 발본색원(拔本塞源) : 좋지 않은 일의 근본 원인이 되는 요소를 완전히 없애 버려서 다시는 그러한 일이 생길 수 없도록 함.
• 수주대토(守株待兔) : 한 가지 일에만 얽매여 발전을 모르는 어리석은 사람을 비유적으로 이르는 말.

06회 | 36~38쪽

★ 그림으로 낱말 찾기 ★
① 전자 ② 직물 ③ 뜨개질하다 ④ 드라이버
⑤ 바느질하다

★ 낱말 뜻 알기 ★
① 전선, 연결 ② 도체, 위치 ③ 자동, 기계 ④ 바늘
⑤ 접착제, 엉킴, 접합

★ 낱말 친구 사총사 ★
④

해설 로봇은 자동 기능이나 인공 지능을 갖춘 기계이며, 아직까지는 인간과 같은 자연스러운 관절의 움직임이 힘듭니다. 따라서 '로봇처럼 움직이다'는 '몸이 뻣뻣하고 부자연스럽다.'라는 뜻입니다.

★ 연상되는 낱말 찾기 ★
드라이버, 뜨개질하다, 바느질하다

★ 짧은 글짓기 ★
- 예 전기 장치를 다룰 때는 위험하니까 어른들에게 도움을 청하자.
- 예 컴퓨터를 설치할 때는 전기가 필요하므로 주변 배선 상태를 확인하자.
- 예 전자 제품을 사용할 때는 사용 전압이 맞아야 하므로 제품 설명서를 읽어 보자.

★ 맞춤법 ★
허위대 → 허우대

'겉으로 드러난 체격', '크거나 보기 좋은 체격'을 이르는 말은 '허우대'가 맞습니다.

★ 띄어쓰기 ★
㉯

해설 '어버이'와 '날'의 합성어인 '어버이날'은 한 낱말이므로 붙여 씁니다.

★ 관용어 ★
돌, 이끼

해설 그림은 신기록을 세운 것이 꾸준히 노력한 결과라는 것을 말하고 있는 상황입니다. 이 상황에 어울리는 관용어에는 '구르는 돌에는 이끼가 끼지 않는다'가 있습니다. 이 말은 부지런하고 꾸준히 노력하는 사람은 침체되지 않고 계속 발전한다는 뜻입니다.

★ 한자어 ★
宣布(선포), 歡迎(환영)

07회 | 40~42쪽

★ 그림으로 낱말 찾기 ★
① 모퉁이 ② 당부하다 ③ 가을걷이 ④ 보금자리
⑤ 고단하다

★ 낱말 뜻 알기 ★
① 태도, 성질 ② 단단, 부탁 ③ 깃들이, 둥지 ④ 곡식, 추수
⑤ 방침, 신문, 잡지

★ 낱말 친구 사총사 ★
③

해설 ①, ②, ④의 '타당'은 일의 이치나 논리가 옳다는 '妥當'입니다. 하지만 ③의 '타당'은 다른 정당을 가리키는 '他黨'입니다.

★ 연상되는 낱말 찾기 ★
모퉁이, 사회자, 관중석

★ 짧은 글짓기 ★
- 예 엄마는 아침에 이 옷 저 옷을 고르는 내 변덕 때문에 화를 많이 내셨다.
- 예 선생님은 종례 시간에 독감 전염을 막기 위해서 마스크를 꼭 쓰라고 당부하셨다.
- 예 할머니는 오늘 등산을 심하게 해서 몸이 고단하다고 낮잠을 주무셨다.

★ 맞춤법 ★
더욱이

해설 '더욱이'라는 부사는 '그러한 데다가 더'를 뜻하는 말로, '더욱'의 형태를 살려 쓴 '더욱이'가 맞는 표현입니다. 이러한 형태의 낱말에 '일찍이'도 있습니다.

★ 띄어쓰기 ★
㉯

해설 관형사는 뒤에 오는 말과 띄어 써야 하므로 '갖은 양념'이 맞습니다.

★ 관용어 ★
헤엄

해설 그림은 수영 선수인 준철이가 중랑천을 건너는 것은 너무 쉬운 일이라고 말하는 상황입니다. 이 상황에 어울리는 관용어에는 '땅 짚고 헤엄치기'가 있습니다. 이 말은 일이 매우 쉽거나 의심할 여지가 없이 확실하다는 뜻입니다.

★ 한자어 ★

백중지세(伯仲之勢)

해설
- 인자무적(仁者無敵): 어진 사람은 모든 사람이 사랑하므로 세상에 적이 없음.
- 백중지세(伯仲之勢): 서로 우열을 가리기 힘든 형세.
- 개과천선(改過遷善): 지난날의 잘못이나 허물을 고쳐 올바르고 착하게 됨.

08회 | 44~46쪽

★ 그림으로 낱말 찾기 ★
❶ 농악 ❷ 나전칠기 ❸ 옹기 ❹ 사신도 ❺ 고려청자
❻ 거중기

★ 낱말 뜻 알기 ★
❶ 질그릇, 오지그릇 ❷ 광채, 자개 ❸ 건국, 인간
❹ 농부, 고유 ❺ 신라, 전라남도

★ 낱말 친구 사총사 ★
❶

해설 '고조선', '단군', '홍익인간'은 우리나라 청동기 시대의 국가명, 건국자, 건국 이념을 나타내는 낱말입니다. 하지만 '사신도'는 우리나라 삼국 시대의 고구려 고분에 흔히 발견되던 벽화입니다.

★ 연상되는 낱말 찾기 ★
나전칠기, 농악, 고려청자

★ 짧은 글짓기 ★
- 예 우리 가족은 지난 주말 민속 마을에서 옹기 굽는 체험을 했다.
- 예 정약용은 조선 정조 때 수원 화성 공사장에서 거중기를 사용했다.
- 예 도굴꾼이 몇 년 전 고구려 고분에서 사신도 벽화를 훔치려고 했다.

★ 맞춤법 ★
돋구니 → 돋우니

해설 '돋우다'는 '더 높게 하다.'라는 뜻으로 '심지를 돋우다.', '벽돌을 돋우다.', '신명을 돋우다.', '목청을 돋우다.', '입맛을 돋우다.' 등으로 쓰입니다. '돋구다'는 '안경의 도수 따위를 더 높게 하다.'의 뜻으로만 쓰입니다.

★ 띄어쓰기 ★

㉮

해설 조사가 둘 이상 연속해서 쓰일 경우 붙여 씁니다.

★ 관용어 ★

눈

해설 그림은 방귀 끼는 걸 감추려고 뽕뽕이 놀이를 하자고 말하는 상황입니다. 이 상황에 어울리는 관용어에는 '눈 가리고 아웅 한다'가 있습니다. 이 말은 언젠가 드러날 일을 그 순간에만 감추려고 얕은 꾀로 속인다는 뜻입니다.

★ 한자어 ★

聲樂(성악), 頭痛(두통)

09회 | 48~50쪽

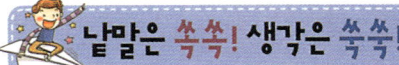

★ 그림으로 낱말 찾기 ★
❶ 탐사선 ❷ 금성 ❸ 태양계 ❹ 토성 ❺ 위성

★ 낱말 뜻 알기 ★
❶ 인력, 궤도 ❷ 행성, 인력, 지구 ❸ 공전, 집합
❹ 미지, 조사 ❺ 구멍, 석유, 탐사

★ 낱말 친구 사총사 ★
❸

해설 '금성', '유성', '행성'은 별의 종류이며, '태양계'는 지구를 포함해 각각의 별들이 모여 있는 집합체입니다. 따라서 다른 셋을 포함하는 큰 말에 해당되는 것은 ❸ 태양계입니다.

★ 연상되는 낱말 찾기 ★
위성, 자원, 토성

★ 짧은 글짓기 ★
- 예 아침에 식사를 하면 속이 든든해서 하루 종일 에너지가 넘치게 된다.
- 예 최근 택배 수요가 증가해서 완충재인 스티로폼도 많이 소모된다.
- 예 조만간 지하자원이 고갈되기 때문에 대체 에너지 개발이 요구된다.

낱말 쌈 싸 먹기

★ 맞춤법 ★
저리니

해설 '근육이나 뼈마디가 오래 눌려 피가 잘 통하지 못하여, 감각이 둔하고 아리며 움직이기가 거북하다.'를 뜻하는 말은 '저리다'입니다.

★ 띄어쓰기 ★
㉮

해설 황소처럼 느릿느릿 걷는 걸음을 뜻하는 '황소걸음'은 '황소'와 '걸음'의 합성어입니다. 한 낱말이므로 붙여 씁니다.

★ 관용어 ★
오줌

해설 그림은 병원에 도착하기 전까지 임시로 응급 처치를 하는 상황입니다. 이 상황에 어울리는 관용어에는 '언 발에 오줌 누기'가 있습니다. 이 말은 임시변통은 될지 모르나 그 효력이 오래가지 못할 뿐만 아니라 결국에는 사태가 더 나빠짐을 비유적으로 표현할 때 사용합니다.

★ 한자어 ★
백척간두(百尺竿頭)

해설
- 백척간두(百尺竿頭): 백 자나 되는 높은 장대 위에 올라섰다는 뜻으로, 몹시 어렵고 위태로운 지경을 이르는 말.
- 천의무봉(天衣無縫): 천사의 옷은 꿰맨 흔적이 없다는 뜻으로, 일부러 꾸민 데 없이 자연스럽고 아름다우면서 완전함을 이르는 말.
- 만사형통(萬事亨通): 모든 것이 뜻대로 잘됨.

★ 짧은 글짓기 ★
- 예 한의사는 한의원에서 환자의 생명을 위해 침술을 안전하게 시술해야 한다.
- 예 우리는 집에서 학대당하는 애완 동물이 없도록 깊은 관심을 가져야 한다.
- 예 가게 주인은 빵을 훔친 거지의 처지가 어려우니 관용하는 마음을 베풀어야 한다.

낱말 쌈 싸 먹기

★ 맞춤법 ★
돐잔치 → 돌잔치

해설 생후 1년이 되는 날 어린아이의 생일 잔치를 크게 해 주는 것은 '돌잔치'로 표기해야 합니다. '돐'은 '돌'의 잘못된 표기입니다.

★ 띄어쓰기 ★
㉮

해설 '매'는 관형사로서 뒤의 명사와 띄어 씁니다.

★ 관용어 ★
계란, 바위

해설 그림은 아버지에게 휴대 전화를 사 달라고 아무리 졸라도 소용이 없다는 상황을 묘사한 것입니다. 이 상황에 어울리는 관용어에는 '계란으로 바위 치기'가 있습니다. 이 말은 되지도 않는 일에 공연히 품만 들일 때에 사용합니다.

★ 한자어 ★
聖雄(성웅), 忠誠(충성)

10회 | 52~54쪽

★ 그림으로 낱말 찾기 ★
❶ 연장 ❷ 약초 ❸ 한의사 ❹ 고문하다 ❺ 배려하다

★ 낱말 뜻 알기 ★
❶ 한의학, 전공 ❷ 풀 ❸ 가혹, 대우 ❹ 권력, 강제, 종사
❺ 잘못, 용서

★ 낱말 친구 사총사 ★
❷

해설 ❶, ❸, ❹의 '고문'은 사실을 강제로 알아내기 위해 육체적 고통을 주며 신문하는 '拷問'입니다. 하지만 ❷의 '고문'은 전문적인 지식과 풍부한 경험을 가지고 자문과 조언을 하는 직책인 '顧問'입니다.

★ 연상되는 낱말 찾기 ★
서식지, 징용하다, 배려하다

11회 | 56~58쪽

★ 그림으로 낱말 찾기 ★
❶ 판매하다 ❷ 정비사 ❸ 발휘 ❹ 진로 ❺ 흥미롭다

★ 낱말 뜻 알기 ★
❶ 앞으로 ❷ 상품, 서비스 ❸ 마음, 일 ❹ 물건
❺ 소질, 성격

★ 낱말 친구 사총사 ★
❹

해설 ❶, ❷, ❸의 '종사'는 '어떤 일에 마음과 힘을 다함. 어떤 일을 일삼아서 함'이라는 뜻을 가진 '從事'이지만, ❹의 '종사'는 한자로 '宗師'라고 쓰며 '모든 사람이 높이 우러러 존경하는 사람'이라는 뜻을 갖고 있습니다.

★ 연상되는 낱말 찾기 ★

생산, 적성, 흥미롭다

★ 짧은 글짓기 ★

- 예 삼촌은 시민 단체에 종사하기 위해 시사 공부를 게을리 하지 않고 있다.
- 예 선수들은 경기에서 실력을 발휘하기 위해 훈련을 빠뜨리지 않고 있다.
- 예 나는 직업에 귀천이 없다고 생각하기에 기술 배우는 것을 계속하고 있다.

 낱말 쌈 싸 먹기

★ 맞춤법 ★

두루뭉술하여

해설 '모나지도 둥글지도 아니하다.', '말이나 행동 따위가 철저하거나 분명하지 아니하다.'의 뜻을 지닌 말은 '두루뭉술하다'입니다.

★ 띄어쓰기 ★

㉯

해설 '안'은 '됐다'를 꾸며 주는 부사이므로 뒷말과 띄어 씁니다.

★ 관용어 ★

고기

해설 그림은 큰 뜻을 펼치기 위해서는 넓은 세상으로 나아가야 한다는 내용을 담고 있습니다. 이 상황에 어울리는 관용어에는 '깊은 물이라야 큰 고기가 논다'가 있습니다. 물이 깊을수록 큰 고기가 있는 건 당연한 이치입니다. 이처럼 크게 될 사람은 될 수 있으면 넓고 큰 곳에서 생활하여야 그 크기에 맞는 일과 능력을 발휘할 수 있다는 말입니다.

★ 한자어 ★

부화뇌동(附和雷同)

해설 • 부화뇌동(附和雷同): 줏대 없이 남의 의견에 따라 움직임.
• 속수무책(束手無策): 손을 묶은 것처럼 어찌할 도리가 없어 꼼짝 못함.
• 구상유취(口尚乳臭): 입에서 아직 젖내가 난다는 뜻으로, 말이나 행동이 유치함을 이르는 말.

12회 | 60~62쪽

 낱말은 쏙쏙! 생각은 쑥쑥!

★ 그림으로 낱말 찾기 ★

❶ 충혈 ❷ 굴렁쇠 ❸ 귀양 ❹ 실마리 ❺ 쌈지

★ 낱말 뜻 알기 ★

❶ 죄인, 기간, 제한 ❷ 인터넷, 온라인, 별명
❸ 증상, 염증, 자극 ❹ 쇠붙이, 대나무 ❺ 담배, 주머니

★ 낱말 친구 사총사 ★

❹

해설 실마리는 감겨 있거나 헝클어진 실의 첫머리를 뜻합니다. 따라서 '실마리가 풀리다'는 '복잡한 문제를 풀어 나갈 첫머리를 찾다.'라는 뜻입니다.

★ 연상되는 낱말 찾기 ★

겨를, 복원, 가상

★ 짧은 글짓기 ★

- 예 김 대감이 귀양을 가니까 박 영감이 승진을 하였다.
- 예 내가 굴렁쇠를 굴리니까 덩달아 친구도 신이 나 달렸다.
- 예 할머니가 계산을 하려고 쌈지를 여니까 엄마는 얼른 지갑을 열었다.

 낱말 쌈 싸 먹기

★ 맞춤법 ★

뒷뜰 → 뒤뜰

해설 뒷말이 거센소리, 된소리로 시작할 때는 사이시옷이 붙지 않습니다.

★ 띄어쓰기 ★

㉮

해설 ㉮ '전(全)'은 '전 세계'와 같이 한자어 명사 앞에서 '모든'이나 '전체'를 뜻하는 관형사로 쓰입니다. 따라서 뒤의 체언과 띄어 씁니다. 하나의 단어로 인정한 '전인격, 전인구, 전자동'은 예외로 붙여 씁니다.

★ 관용어 ★

사돈

해설 그림은 집안 일을 거들지 않는다고 잔소리하는 형에게 동생이 형은 자기보다 더 문제라고 말하는 상황을 묘사한 것입니다. 이 상황에 어울리는 관용어에는 '사돈 남 나무란다'가 있습니다. 이 말은 '자기도 같은 잘못을 했으면서 제 잘못은 제쳐 두고 남의 잘못만 나무란다.'라는 뜻을 가지고 있습니다.

★ 한자어 ★

成長(성장), 希望(희망)

13회 | 64~66쪽

낱말은 쏙쏙! 생각은 쑥쑥!

★ 그림으로 낱말 찾기 ★
① 고인돌 ② 고구려 ③ 청동기 ④ 신라 ⑤ 백제

★ 낱말 뜻 알기 ★
① 인류 ② 정교 ③ 그릇, 기구 ④ 선사, 무덤 ⑤ 유민, 나라

★ 낱말 친구 사총사 ★
④

해설 '고조선', '청동기', '고인돌'은 우리나라 시대 구분에 있어 청동기 시대에 해당되는 낱말입니다. 하지만 '발해'는 통일신라 시대에 해당되는 낱말입니다.

★ 연상되는 낱말 찾기 ★
고구려, 백제, 신라

★ 짧은 글짓기 ★
• 예 단군이 아사달에서 고조선을 건국하였다.
• 예 가야는 남부 지역에서 부족 연맹체를 결성하였다.
• 예 대조영은 옛 고구려 땅에 발해를 세웠다.

낱말 쌈 싸 먹기

★ 맞춤법 ★
뒤풀이

해설 뒤의 첫소리가 거센소리인 'ㅍ'으로 시작하므로 사잇소리 규칙을 적용하지 않습니다.

★ 띄어쓰기 ★
㉮

해설 '인간미'는 '인간다운 따뜻한 맛'이라는 의미의 한 낱말로 붙여 씁니다.

★ 관용어 ★
개천, 용

해설 그림은 가난한 환경에서도 명필이 된 한석봉에 대해 이야기하고 있는 상황입니다. 이 상황에 어울리는 관용어에는 '개천에서 용 난다'가 있습니다. 이 말은 변변치 못한 집안이나 변변하지 못한 부모에게서 훌륭한 인물이 나는 경우를 비유적으로 이를 때 사용합니다.

★ 한자어 ★
분골쇄신(粉骨碎身)

해설 • 우이독경(牛耳讀經): 쇠귀에 경 읽기라는 뜻으로, 아무리 가르치고 일러 주어도 알아듣지 못함을 이르는 말.
• 주마간산(走馬看山): 말을 타고 달리며 산천을 구경한다는 뜻으로, 자세히 살피지 아니하고 대충대충 보고 지나감을 이르는 말.
• 분골쇄신(粉骨碎身): 뼈를 가루로 만들고 몸을 부순다는 뜻으로, 정성으로 노력함을 이르는 말.

14회 | 68~70쪽

낱말은 쏙쏙! 생각은 쑥쑥!

★ 그림으로 낱말 찾기 ★
① 들숨 ② 튜브 ③ 날숨 ④ 페트병 ⑤ 피스톤

★ 낱말 뜻 알기 ★
① 가까이, 행성 ② 여덟, 행성 ③ 타이어, 바람
④ 왕복, 원통, 부품 ⑤ 음료, 일회용, 원료

★ 낱말 친구 사총사 ★
②

해설 ①, ③, ④의 '화성'은 조선 후기 수원에 세워진 성인 '華城'입니다. 하지만 ②의 '화성'은 태양에서 넷째로 가까운 행성인 '火星'입니다.

★ 연상되는 낱말 찾기 ★
이산화탄소, 날숨, 들숨

★ 짧은 글짓기 ★
• 예 안전한 물놀이를 위해서 튜브를 준비하는 것이 좋다.
• 예 자원 재활용을 위해서 페트병을 분리수거하는 것이 좋다.
• 예 이산화탄소는 머리를 아프게 하므로 실내 공기를 환기하는 것이 좋다.

낱말 쌈 싸 먹기

★ 맞춤법 ★
등교길 → 등굣길

해설 사이소리 규칙을 적용하는 기준은 '두 단어가 합해져서 하나의 단어가 된 것', '그 두 단어 중 하나는 반드시 고유어일 것', '원래에는 없던 된소리가 나거나 'ㄴ' 소리가 덧날 것'입니다. '등굣길'은 이 조건에 만족하므로 사이시옷을 붙여 표기합니다.

★ 띄어쓰기 ★
㉮

해설 잘 모르는 어느 곳을 가리키는 지시대명사 '어디'는 동사인 '가다'와 띄어 씁니다.

★ 관용어 ★
냉수

해설 그림은 형편이 좋지 않아 땔감 구하러 가는 양반이 체면 때문에 옷을 차려입고 나가는 상황을 묘사한 것입니다. 이 상황에 어울리는 관용어에는 '냉수 마시고 이 쑤신다'가 있습니다. 이 말은 실속은 없으면서도 겉으로는 있는 체하는 경우에 비유적으로 사용합니다.

★ 한자어 ★

成績(성적), 深刻(심각)

15회 | 72~74쪽

★ 그림으로 낱말 찾기 ★

❶ 미만하다 ❷ 각기둥 ❸ 직육면체 ❹ 초과하다 ❺ 눈금 ❻ 각뿔

★ 낱말 뜻 알기 ★

❶ 저울, 길이 ❷ 결과, 별도 ❸ 평행, 합동 ❹ 밑변, 꼭짓점 ❺ 직사각형, 평행

★ 낱말 친구 사총사 ★

❶

해설 ❷, ❸, ❹의 '이상'은 생각할 수 있는 완전한 상태를 뜻하는 '理想'입니다. 하지만 ❶의 '이상'은 특정 숫자와 같거나 큰 수인 '以上'입니다.

★ 연상되는 낱말 찾기 ★

눈금, 이하, 직육면체

★ 짧은 글짓기 ★

• 예 학생들은 각뿔 모양이 뾰족하기 때문에 다룰 때 다치지 않도록 주의해야 한다.
• 예 선수들은 3킬로그램을 초과하는 아령은 너무 무겁기 때문에 사용할 때 조심해야 한다.
• 예 135센티미터 미만하는 학생은 키가 작기 때문에 사진을 찍을 때 앞줄에 서야 한다.

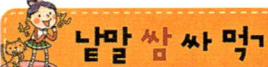

★ 맞춤법 ★

등쌀

해설 '등살'은 '등의 근육'을 뜻하는 말이고, '등쌀'은 '몹시 귀찮게 구는 짓'을 뜻하는 말입니다. '등쌀'은 '등쌀에 못 이기다', '등쌀에 시달리다' 등으로 활용할 수 있습니다.

★ 띄어쓰기 ★

㉯

해설 '그려'는 조사로, 어미 뒤에 붙을 경우에 서로 붙여 씁니다.

★ 관용어 ★

자리, 발

해설 그림은 회사를 옮기는 것 때문에 고민하는 남편에게 신중하게 결정하라고 조언하는 상황입니다. 이 상황에 어울리는 관용어에는 '누울 자리 봐 가며 발을 뻗어라'가 있습니다. 이 말은 어떤 일을 할 때 그 결과가 어떻게 되리라는 것을 생각하여 미리 살피고 일을 시작하라는 뜻이나 시간과 장소를 가려 행동하라는 뜻을 담고 있습니다.

★ 한자어 ★

사상누각(砂上樓閣)

해설
• 와신상담(臥薪嘗膽) : 거북한 섶에 몸을 눕히고 쓸개를 맛본다는 뜻으로, 원수를 갚거나 마음먹은 일을 이루기 위하여 온갖 어려움과 괴로움을 참고 견딤을 비유적으로 이르는 말.
• 선견지명(先見之明) : 어떤 일이 일어나기 전에 미리 앞을 내다보고 아는 지혜.
• 사상누각(砂上樓閣) : 모래 위에 세운 누각이라는 뜻으로, 기초가 튼튼하지 못하여 오래 견디지 못할 일이나 물건을 이르는 말.

16회 | 76~78쪽

★ 그림으로 낱말 찾기 ★

❶ 궁궐 ❷ 모피 ❸ 근면 ❹ 성실 ❺ 멸종 ❻ 관료

★ 낱말 뜻 알기 ★

❶ 죽음 ❷ 조직, 선발 ❸ 관리, 집단 ❹ 임금, 거처 ❺ 동물, 가죽 ❻ 생물, 종류

★ 낱말 친구 사총사 ★

❸

해설 '수호', '보존', '유지'는 기존에 있던 사물이나 상태가 잘 이어진다는 의미입니다. 하지만 '멸종'은 기존에 있던 생물이 아예 없어져 사라진다는 뜻입니다.

★ 연상되는 낱말 찾기 ★

유언, 채용, 멸종

★ 짧은 글짓기 ★

• 예 누구나 성실하게 공부한다면 성적이 당연히 오르게 될 것이다.
• 예 우리가 생태계를 잘 보존한다면 천연기념물이 계속 남아 있을 것이다.

- 예 사람들이 모피를 계속 입으려고 한다면 동물들은 사라지고 말 것이다.

낱말 쌈 싸 먹기

★ 맞춤법 ★

궂은 → 궂은

해설 '비나 눈이 내려 날씨가 나쁘다.' 또는 '언짢고 나쁘다.' 라는 뜻을 지닌 단어는 '궂다' 입니다.

★ 띄어쓰기 ★

㉯

해설 ① '-는구나'는 어미이므로 앞말과 붙여 씁니다.

★ 관용어 ★

소, 닭

해설 그림은 다투고 난 후 서로 아는 체도 하지 않고 외면하는 상황을 묘사하고 있습니다. 이 상황에 어울리는 관용어에는 '닭 소 보듯, 소 닭 보듯' 이 있습니다. 이 말은 있어도 신경 쓰지 않고, 아무 영향이나 피해를 주지 않는 존재여서 무심하게 여기는 경우를 비유적으로 표현할 때 사용합니다.

★ 한자어 ★

損益(손익), 善惡(선악)

17회 | 80~82쪽

낱말은 쏙쏙! 생각은 쑥쑥!

★ 그림으로 낱말 찾기 ★

① 관청 ② 소품 ③ 활엽수 ④ 침엽수 ⑤ 방제하다

★ 낱말 뜻 알기 ★

① 집행, 기관 ② 생계, 직업 ③ 예방, 구제 ④ 변변, 영화
⑤ 모양

★ 낱말 친구 사총사 ★

④

해설 '침엽수', '활엽수', '유실수'는 나무의 종류에 해당되는 낱말입니다. 하지만 '정화수'는 이른 새벽에 길은 우물물을 뜻하는 낱말입니다.

★ 연상되는 낱말 찾기 ★

생업, 쾌적하다, 쿠션

★ 짧은 글짓기 ★

- 예 농부는 과일나무가 잘 생장하도록 온종일 잡초를 제거하였다.

- 예 촬영 팀은 필요한 소품을 마련하기 위해 아침 일찍 마트에서 쇼핑을 하였다.
- 예 아빠는 높은 가격으로 자동차를 팔기 위해 어제 차의 외관을 수리하였다.

낱말 쌈 싸 먹기

★ 맞춤법 ★

긷는

해설 '우물이나 샘 따위에서 두레박이나 바가지 따위로 물을 떠내다' 라는 뜻의 단어는 '긷다' 입니다.

★ 띄어쓰기 ★

㉯

해설 명사에 붙는 '뿐'은 조사이므로 앞말과 붙여 씁니다. 동사나 형용사와 같은 용언에 붙는 '뿐'은 의존명사이므로 뒷말과 띄어 씁니다.

★ 관용어 ★

닭, 지붕

해설 그림은 연예인하고 사진을 찍으려 했으나 차를 타고 가 버려서 사진을 찍지 못한 상황을 얘기하는 모습입니다. 이 상황에 어울리는 한자어에는 '닭 쫓던 개 지붕 쳐다보듯' 이 있습니다. 이 말은 개에게 쫓기던 닭이 지붕으로 올라가자 개가 쫓아 올라가지 못하고 지붕만 쳐다본다는 뜻으로, 애써 하던 일이 실패로 돌아가거나 남보다 뒤떨어져 어찌할 도리가 없이 됨을 비유적으로 표현할 때 사용합니다.

★ 한자어 ★

상전벽해(桑田碧海)

해설
- 상전벽해(桑田碧海) : 뽕나무 밭이 변하여 푸른 바다가 된다는 뜻으로, 세상일의 변천이 심함을 비유적으로 이르는 말.
- 견원지간(犬猿之間) : 개와 원숭이의 사이라는 뜻으로, 사이가 매우 나쁜 두 사람의 관계를 비유적으로 이르는 말.
- 각주구검(刻舟求劍) : 융통성 없이 현실에 맞지 않는 낡은 생각을 고집하는 어리석음을 이르는 말. 초나라 사람이 배에서 칼을 물속에 떨어뜨리고 그 위치를 뱃전에 표시하였다가 나중에 배가 움직인 것을 생각하지 않고 칼을 찾았다는 데서 유래함.

18회 | 84~86쪽

★ 그림으로 낱말 찾기 ★
❶ 뮤지컬 ❷ 관현악 ❸ 합주 ❹ 판소리 ❺ 산조

★ 낱말 뜻 알기 ★
❶ 악기, 동시 ❷ 오페라, 관현악 ❸ 오케스트라
❹ 민속, 독주 ❺ 판소리, 가극

★ 낱말 친구 사총사 ★
❹

해설 '시나위', '산조', '판소리'는 우리나라에서 전통적으로 행해진 국악에 해당되는 낱말입니다. 하지만 '뮤지컬'은 서양 음악에서 유래된 낱말입니다.

★ 연상되는 낱말 찾기 ★
서곡, 관현악, 판소리

★ 짧은 글짓기 ★
- 예 우리 반은 지난주 대강당에서 학예 발표회 공연으로 합주를 했다.
- 예 우리 가족은 지난 주말 국립 극장에서 오페라 관람을 했다.
- 예 우리 조상은 오래전부터 마을 곳곳에서 창극을 즐겼다.

★ 맞춤법 ★
째째하다 → 쩨쩨하다

해설 '너무 적거나 하찮아서 시시하고 신통치 않다.' 또는 '사람이 잘고 인색하다.'라는 뜻의 단어는 '쩨쩨하다'입니다.

★ 띄어쓰기 ★
㉮

해설 '이충무공'은 이순신의 성과 시호를 함께 이르는 말로 붙여 씁니다.

★ 관용어 ★
말, 고기

해설 그림은 하고 싶은 말을 하지 못하고 고민하는 친구에게 속 시원히 얘기하라고 충고하는 상황을 묘사한 것입니다. 이 상황에 어울리는 관용어에는 '말은 해야 맛이고 고기는 씹어야 맛이다'가 있습니다. 이 말은 고기의 참맛을 알려면 겉만 핥을 것이 아니라 자꾸 씹어야 하듯이, 하고 싶은 말이나 해야 할 말은 시원히 다 해 버려야 좋다는 뜻을 담고 있습니다.

★ 한자어 ★
授業(수업), 試驗(시험)

19회 | 88~90쪽

★ 그림으로 낱말 찾기 ★
❶ 극본 ❷ 유산 ❸ 갈등 ❹ 발길질 ❺ 옷고름

★ 낱말 뜻 알기 ★
❶ 문장, 의미 ❷ 흐뭇, 자랑 ❸ 재산, 세대 ❹ 사물, 까닭
❺ 동작, 대사

★ 낱말 친구 사총사 ★
❶

해설 ❷, ❸, ❹의 '유산'은 '죽은 사람이 남겨 놓은 재산'입니다. 하지만 ❶의 '유산'은 '앞 세대가 물려준 사물, 문화'를 뜻합니다.

★ 연상되는 낱말 찾기 ★
첫인상, 예보, 갈등

★ 짧은 글짓기 ★
- 예 나는 교실에서 참고서의 문맥이 어려워 선생님께 질문을 드렸다.
- 예 할머니께서 집에서 입고 계시던 한복 옷고름이 떨어져서 바느질을 하셨다.
- 예 친구는 골목에서 짖어 대는 강아지가 시끄럽다고 발길질을 했다.

★ 맞춤법 ★
짖는

해설 '개가 목청으로 소리를 내다.'라는 동사는 '짖다'입니다. 참고로 '짓다'는 '재료를 들여 밥, 옷, 집 따위를 만들다.'는 뜻을 가진 낱말입니다.

★ 띄어쓰기 ★
㉯

해설 '오랜만'은 '오래간만'의 준말로, 한 낱말이므로 붙여 씁니다.

★ 관용어 ★
귀신

해설 그림은 때리면 맞을지언정 지금은 먹는 게 더 좋다는 상황을 묘사한 것입니다. 이 상황에 어울리는 관용어에는 '먹다 죽은 귀신은 때깔도 좋다'가 있습니다. 이 말은 사람에게 있어서는 무엇보다 먹는 것이 가장 중요하다는 뜻을 담고 있습니다.

★ 한자어 ★
설왕설래(說往說來)

해설
- 설상가상(雪上加霜) : 눈 위에 서리가 덮인다는 뜻으로, 난처한 일이나 불행한 일이 잇따라 일어남을 이르는 말.
- 설왕설래(說往說來) : 서로 변론을 주고받으며 옥신각신함. 또는 말이 오고 감.
- 형설지공(螢雪之功) : 반딧불, 눈과 함께 하는 노력이라는 뜻으로, 고생을 하면서 부지런하고 꾸준하게 공부하는 자세를 이르는 말. 진나라 차윤(車胤)이 반딧불을 모아 그 불빛으로 글을 읽고, 손강(孫康)이 가난하여 겨울 밤에는 눈빛에 비추어 글을 읽었다는 고사에서 유래함.

20회 | 92~94쪽

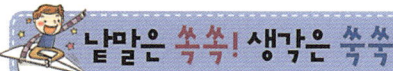

★ 그림으로 낱말 찾기 ★
① 광화문 ② 도공 ③ 의병 ④ 죽창 ⑤ 호패

★ 낱말 뜻 알기 ★
① 도읍, 서울 ② 신분, 남자 ③ 관리, 시험
④ 외적, 자발적, 군대 ⑤ 옹기, 도자기

★ 낱말 친구 사총사 ★
①

해설 '광화문', '경복궁', '숭례문'은 예전에 서울 도성에 위치했던 건축물이며, '한양'은 예전에 서울을 일컫던 명칭입니다. 따라서 다른 셋을 포함하는 큰 말에 해당되는 것은 ① 한양입니다.

★ 연상되는 낱말 찾기 ★
세종 대왕, 통신사, 남한산성

★ 짧은 글짓기 ★
- 예 양반들은 조선 시대에 관직을 얻기 위해서 과거 시험을 치렀다.
- 예 우리 조상들은 국난이 있을 때마다 나라를 지키기 위해 의병을 조직했다.
- 예 왜적은 임진왜란 때 자국의 도자기 수준을 높이기 위해 우리 도공들을 잡아갔다.

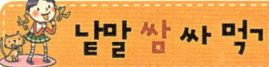

★ 맞춤법 ★
매밀국수 → 메밀국수

해설 '메밀' 가루로 만든 국수이므로 '메밀국수'가 맞습니다.

★ 띄어쓰기 ★
㉮

해설 '입에 음식물이 가득 찬 상태' 또는 '한 번 입을 벌린 상태'를 나타내는 말은 '한입'으로 붙여 씁니다. '한입 가득 차다.', '한입에 쭉 들이마시다.' 등으로 활용할 수 있습니다.

★ 관용어 ★
말, 사람

해설 그림은 영구가 촌스러운 외양을 하고 있지만 마음이 곱다는 것을 알고 겉모습만 보고 사람을 판단하지 말아야겠다고 말하는 상황입니다. 이 상황에 어울리는 관용어에는 '말은 타 봐야 알고 사람은 사귀어 봐야 안다'가 있습니다. 이 말은 겉으로 보아서는 사람의 됨됨이를 알기 힘들다는 뜻을 담고 있습니다.

★ 한자어 ★
數學(수학), 問題(문제)

21회 | 96~98쪽

★ 그림으로 낱말 찾기 ★
① 붕괴하다 ② 혈액 ③ 지층 ④ 대피하다 ⑤ 지진

★ 낱말 뜻 알기 ★
① 지구, 지표 ② 운동, 힘줄 ③ 소화관 ④ 호흡, 좌우
⑤ 혈액, 동맥, 정맥

★ 낱말 친구 사총사 ★
③

해설 '혈액', '근육', '식도'는 우리 신체를 구성하는 요소나 기관입니다. 따라서 다른 셋을 포함하는 큰 말에 해당되는 것은 ③ 신체입니다.

★ 연상되는 낱말 찾기 ★
대피하다, 붕괴하다, 혈관

★ 짧은 글짓기 ★
- 예 뒷산에서 돌무더기가 쓸려 내리는 걸 보니 지층에 균열이 생길 것 같다.
- 예 관측소에서 지진계가 위아래로 요동치는 걸 보니 곧 주변에 대규모의 지진이 날 것 같다.
- 예 경기장에서 내 친구가 무리하게 움직이는 걸 보니 아무래도 그의 다리에 근육통이 올 것 같다.

★ 맞춤법 ★
무릅쓰고

해설 '어렵고 고된 일을 그대로 견디어 참다.' 또는 '위에서 내리덮이는 것을 그대로 들쓰다.'의 뜻으로 쓸 때는 '무릅쓰다'로 표기해야 합니다.

★ 띄어쓰기 ★

㉯

해설 관형사 '이, 그, 저, 아무'는 '것, 때, 번, 이, 즈음, 편, 간, 새, 짝' 등의 말과 붙여 씁니다.

★ 관용어 ★

약, 병

해설 그림은 손에 세균이 많다는 사실을 알게 되어 수시로 손을 씻게 된다는 친구에게 모르는 게 더 좋았을 거라고 말하는 상황입니다. 이 상황에 어울리는 관용어에는 '모르면 약이요 아는 게 병'이 있습니다. 이 말은 아무것도 모르면 차라리 마음이 편하여 좋으나, 무엇이나 좀 알고 있으면 걱정거리가 많아 도리어 해롭다는 뜻을 담고 있습니다.

★ 한자어 ★

신출귀몰(神出鬼沒)

해설
• 심사숙고(深思熟考): 깊이 잘 생각함.
• 신출귀몰(神出鬼沒): 귀신같이 나타났다가 사라진다는 뜻으로, 그 움직임을 쉽게 알 수 없을 만큼 자유자재로 나타나고 사라짐을 비유적으로 이르는 말.
• 시종여일(始終如一): 처음부터 끝까지 변함없이 한결같음.

22회 | 100~102쪽

★ 그림으로 낱말 찾기 ★

❶ 기부금 ❷ 상품권 ❸ 유적지 ❹ 환호성 ❺ 방송국

★ 낱말 뜻 알기 ★

❶ 풍속, 습관 ❷ 웃어른, 나이 ❸ 든든, 원조 ❹ 사람, 비용
❺ 소리

★ 낱말 친구 사총사 ★

❶

해설 ❷, ❸, ❹의 '후원'은 뒤에서 도와준다는 '後援'입니다. 하지만 ❶의 '후원'은 집 뒤에 있는 정원이나 작은 동산인 '後園'입니다.

★ 연상되는 낱말 찾기 ★

유적지, 기부금, 방송국

★ 짧은 글짓기 ★

• 예 나는 예절 학교에서 풍습을 배우기 위해 일주일간 집을 떠나 있었다.

• 예 엄마는 백화점에서 상품권을 사용하려고 현금을 챙겨오지 않았다.
• 예 사장은 회의실에서 인건비를 줄이기 위해 몇몇 직원이 해고될 거라는 사실을 말했다.

★ 맞춤법 ★

홀몸 → 홑몸

해설 '홑몸'은 '배우자나 형제가 없는 독신'이라는 뜻이고, '홑몸'은 '아이를 배지 아니한 몸'이라는 뜻입니다. 따라서 '아이를 가졌다.'라는 의미로는 반드시 '홑몸이 아니다.'라고 표현하는 것이 맞습니다.

★ 띄어쓰기 ★

㉮

해설 주로 '아니다'와 함께 쓰여 '대단하거나 특별한 어떤 것'을 뜻하는 '아무것'은 한 낱말이므로 붙여 씁니다.

★ 관용어 ★

방귀, 성

해설 그림은 토끼가 시합 중에 자는 바람에 경주에 져 놓고 거북이에게 자기를 깨우지 않아서 졌다며 화를 내는 상황입니다. 이 상황에 어울리는 관용어에는 '방귀 뀐 놈이 성낸다'가 있습니다. 이 말은 자기가 방귀를 뀌고 오히려 남보고 성낸다는 뜻으로, 잘못을 저지른 쪽에서 오히려 남에게 성냄을 비꼬는 말입니다.

★ 한자어 ★

案件(안건), 調査(조사)

23회 | 104~106쪽

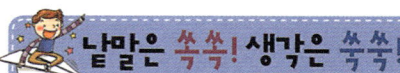

★ 그림으로 낱말 찾기 ★

❶ 주먹밥 ❷ 자투리 ❸ 식용유 ❹ 참기름 ❺ 유통기한

★ 낱말 뜻 알기 ★

❶ 툇마루, 지붕 ❷ 미세, 단세포, 세균 ❸ 화분, 나무, 화분
❹ 다그쳐 ❺ 성장, 에너지

★ 낱말 친구 사총사 ★

❷

해설 '참기름', '식용유', '들기름'은 식용이 가능해서 음식을 만들 때 사용하는 기름입니다. 하지만 '휘발유'는 식용할 수 없는 산업용 기름입니다.

★ 연상되는 낱말 찾기 ★
촉진, 주먹밥, 참기름

★ 짧은 글짓기 ★
- 예 외출 후 집에 돌아오면 박테리아가 사라지도록 손을 씻는 것이 좋다.
- 예 종이 접기를 할 때는 재료비를 절약하기 위해 자투리를 사용하는 것이 좋다.
- 예 우유를 마실 때는 건강을 위해서 유통기한을 확인하는 것이 좋다.

★ 맞춤법 ★
미숫가루

해설 예전에는 '미시' 또는 '미싯가루'를 표준어로 삼았으나 지금은 많은 사람들의 발음을 따라 '미숫가루'를 표준어로 인정합니다.

★ 띄어쓰기 ★
㉯

해설 '하루 낮의 반(半)'을 뜻하는 '한나절'은 한 낱말이므로 붙여 씁니다.

★ 관용어 ★
번갯불, 콩

해설 그림은 만화 영화를 볼 생각에 숙제를 급하게 끝내는 상황을 묘사한 것입니다. 이 상황에 어울리는 관용어에는 '번갯불에 콩 볶아 먹겠다'가 있습니다. 이 말은 번쩍하는 번갯불에 콩을 볶아서 먹을 만하다는 뜻으로, 행동이 매우 민첩하거나 매우 급하게 굴 때 쓸 수 있는 말입니다.

★ 한자어 ★
아전인수(我田引水)

해설
- 불철주야(不撤晝夜) : 어떤 일에 몰두하여 조금도 쉴 사이 없이 밤낮을 가리지 아니함.
- 온고지신(溫故知新) : 옛것을 익히고 그것을 미루어서 새것을 앎.
- 아전인수(我田引水) : 자기 논에 물 대기라는 뜻으로, 자기에게만 이롭게 되도록 생각하거나 행동함을 이르는 말.

24회 | 108~110쪽

★ 그림으로 낱말 찾기 ★
❶ 청동 ❷ 목판 ❸ 두상 ❹ 보자기 ❺ 정물화

★ 낱말 뜻 알기 ★
❶ 물건, 네모 ❷ 한글, 글자 ❸ 궁중, 한글 ❹ 구리, 합금
❺ 종이, 인쇄

★ 낱말 친구 사총사 ★
❸

해설 '목판', '아크릴', '청동'은 미술품 제작 과정에 필요한 재료나 재질입니다. 하지만 '포스터'는 제작 과정을 마친 미술 완성품입니다.

★ 연상되는 낱말 찾기 ★
두상, 정물화, 유채

★ 짧은 글짓기 ★
- 예 엄마는 대형 할인점에서 일회용 봉투 대신 보자기를 사용하였다.
- 예 나는 서예 학원에서 처음으로 궁체를 배웠다.
- 예 동생은 박물관에서 청동 거울을 가장 마음에 들어했다.

★ 맞춤법 ★
알맞는 → 알맞은

해설 '알맞다'는 적당한 상태를 나타내는 형용사이므로 관형형 어미 '-은'과 결합합니다. '-는'은 동사에 붙어 움직임의 진행을 나타내는 어미이므로 적합하지 않습니다. 형용사 '좋다'를 '좋는'으로 활용하지 않는 것과 마찬가지입니다.

★ 띄어쓰기 ★
㉯

해설 '지'가 의문을 나타내는 어미로 쓰일 때에는 앞말과 붙여 씁니다.

★ 관용어 ★
죽

해설 그림은 밥, 빵, 국수로 먹을 음식을 자꾸 바꾸는 상황을 묘사한 것입니다. 이 상황에 어울리는 관용어에는 '변덕이 죽 끓듯 하다'가 있습니다. 이 말은 말이나 행동이 이랬다저랬다 하는 경우를 비유적으로 표현할 때 사용합니다.

★ 한자어 ★
兩親(양친), 歲拜(세배)

25회 | 112~114쪽

낱말은 쏙쏙! 생각은 쑥쑥!

★ 그림으로 낱말 찾기 ★
① 관행 ② 명분 ③ 수모 ④ 칭송 ⑤ 정수리

★ 낱말 뜻 알기 ★
① 머리, 자리 ② 근원 ③ 오래, 관례 ④ 권리, 자격
⑤ 공정, 생각 ⑥ 구실, 이유

★ 낱말 친구 사총사 ★
③

해설 '관행', '유지', '보수'는 기존의 것을 찬성, 유지하거나 보존한다는 뜻의 낱말입니다. 하지만 '개혁'은 기존의 것을 새롭게 뜯어고친다는 뜻의 낱말입니다.

★ 연상되는 낱말 찾기 ★
춤사위, 정체성, 수모

★ 짧은 글짓기 ★
① 아빠는 정수리 탈모 치료를 위해 병원을 정기적으로 찾는다.
② 나는 국어를 잘하기 위해 어원을 조사하는 습관을 기른다.
③ 국회 의원은 선거법 위반으로 인해 의원직을 박탈당하기도 한다.

낱말 쌈 싸 먹기

★ 맞춤법 ★
짜깁기

해설 '짜깁기'는 사전적 의미로 '구멍이 뚫린 부분을 실로 짜서 깁는 것'을 말합니다. 발음상 편리하기 때문에 '짜집기'에 익숙하지만 이는 비표준어입니다.

★ 띄어쓰기 ★
㉯

해설 '지'가 시간의 경과를 뜻하는 의존명사로 쓰일 때는 앞말과 띄어 씁니다.

★ 관용어 ★
빈대, 초가

해설 그림은 피사의 사탑이 기울어진 것을 바로 세우려다가는 무너질 수도 있다고 말하는 상황입니다. 이 상황에 어울리는 관용어에는 '빈대 잡으려다 초가삼간 태운다'가 있습니다. 이 말은 작은 일을 하려다가 큰일까지 그르친다는 뜻입니다.

★ 한자어 ★
악전고투(惡戰苦鬪)

해설 • 악전고투(惡戰苦鬪) : 매우 어려운 조건을 무릅쓰고 힘을 다하여 고생스럽게 싸움.
• 금의야행(錦衣夜行) : 비단옷을 입고 밤길을 다닌다는 뜻으로, 자랑삼아 하지 않으면 생색이 나지 않음을 이르는 말. 아무 보람이 없는 일을 함을 이르는 말.
• 미생지신(尾生之信) : 우직하여 융통성이 없이 약속만을 굳게 지킴을 비유적으로 이르는 말. 중국 춘추 시대에 미생(尾生)이라는 사람이 다리 밑에서 만나자고 한 여자와의 약속을 지키기 위하여 홍수에도 피하지 않고 기다리다가 마침내 익사하였다는 고사에서 유래함.

26회 | 116~118쪽

낱말은 쏙쏙! 생각은 쑥쑥!

★ 그림으로 낱말 찾기 ★
① 훈민정음 ② 병자호란 ③ 거북선 ④ 숭례문 ⑤ 유교

★ 낱말 뜻 알기 ★
① 왕건, 개성 ② 이성계, 도읍 ③ 유학, 관점, 덕목
④ 백성, 창제 ⑤ 일본, 침입, 난리 ⑥ 침입, 항복

★ 낱말 친구 사총사 ★
③

해설 '한양', '의주', '남한산성'은 조선 시대 때 사용된 지명이나 만들어진 성곽입니다. 따라서 다른 셋을 포함하는 큰 말에 해당되는 것은 ③ 조선입니다.

★ 연상되는 낱말 찾기 ★
고려, 숭례문, 양반

★ 짧은 글짓기 ★
• 예 태조 왕건이 통일 신라 말기에 고려 왕조를 세웠다.
• 예 세종 대왕이 1443년에 훈민정음을 창제하였다.
• 예 이순신 장군이 임진왜란 때 거북선을 전투에 활용하였다.

낱말 쌈 싸 먹기

★ 맞춤법 ★
벼씨 → 볍씨

해설 '못자리에 뿌리는 벼의 씨'는 '볍씨'로 써야 합니다.

★ 띄어쓰기 ★
㉮

해설 '제값'은 '물건의 가치에 맞는 가격'을 뜻하는 한 낱말이므로 붙여 씁니다.

16 정답과 해설

★ 관용어 ★

산

해설 그림은 아저씨가 무섭지만 물건을 찾아오기 위해서는 직접 말할 수밖에 없다는 상황을 묘사한 것입니다. 이 상황에 어울리는 관용어에는 '산에 가야 범을 잡지'가 있습니다. 이 말은 어떤 일을 이루기 위해서는 직접 부딪쳐 실행해야 한다는 뜻입니다.

★ 한자어 ★

옥상(屋上), 화단(花壇)

27회 | 120~122쪽

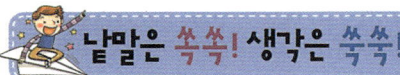

★ 그림으로 낱말 찾기 ★

① 호흡하다 ② 소화하다 ③ 콩팥 ④ 갈증 ⑤ 방광

★ 낱말 뜻 알기 ★

① 마시, 느낌 ② 살갗, 자극 ③ 산소, 이산화탄소
④ 섭취, 분해, 흡수 ⑤ 변화, 반응

★ 낱말 친구 사총사 ★

④

해설 ①, ②, ③의 '소화'는 음식물을 분해하고 흡수하기 쉬운 형태로 바꾼다는 '消化'입니다. 하지만 ④의 '소화'는 불을 끈다는 '消火'입니다.

★ 연상되는 낱말 찾기 ★

방광, 호흡하다, 질병

★ 짧은 글짓기 ★

• 예 나는 지난밤 심한 갈증 때문에 여러 차례 물을 마셨다.
• 예 엄마는 저녁 때 내가 말을 더듬는 걸 보더니 학원에 가지 않았다는 사실을 감지했다.
• 예 나는 온종일 구멍 난 양말 때문에 신경이 쓰였다.

★ 맞춤법 ★

삼수갑산

해설 '삼수갑산'은 '삼수'와 '갑산'이라는 함경도 지명에서 비롯된 말입니다. 함경도 변방에 있던 삼수와 갑산으로 유배를 갔던 이들이 돌아오지 못하고 그곳에서 죽는 일이 많았기 때문에, '삼수갑산'이 '저승'을 뜻하는 말로 바뀐 것입니다.

★ 띄어쓰기 ★

㉮

해설 '오른편', '왼편' 모두 붙여 씁니다.

★ 관용어 ★

사람

해설 그림은 전쟁에 대비해야 한다는 신하의 말에 임금이 평화로운 시기에 그럴 일은 없을 거라며 대수롭지 않게 얘기하는 상황입니다. 이 상황에 어울리는 관용어에는 '설마가 사람 잡는다'가 있습니다. 이 말은 그럴 리야 없을 것이라 마음을 놓거나 요행을 바라는 데에서 탈이 난다는 뜻으로, 요행을 바라지 말고 있을 수 있는 모든 것을 미리 예방해 놓아야 한다는 말입니다.

★ 한자어 ★

양상군자(梁上君子)

해설
• 양상군자(梁上君子) : '들보 위의 군자'라는 뜻으로 도둑을 가리키는 말.
• 필부필녀(匹夫匹女) : 평범한 남녀.
• 삼척동자(三尺童子) : '키가 석 자밖에 되지 않는 어린아이'라는 뜻으로, 키가 작은 철부지 어린아이를 말함.

28회 | 124~126쪽

★ 그림으로 낱말 찾기 ★

① 구호 ② 동창회 ③ 바자회 ④ 경로당 ⑤ 공휴일

★ 낱말 뜻 알기 ★

① 두터움 ② 잘못, 꾸짖 ③ 시위, 요구, 표현 ④ 국가, 사회
⑤ 졸업, 친목, 도모

★ 낱말 친구 사총사 ★

②

해설 ①, ③, ④의 '구호'는 '집회나 시위 따위에서 어떤 요구나 주장 따위를 간결한 형식으로 표현한 문구'의 뜻을 가진 '口號'이며, ②의 '구호'는 '재해나 재난 따위로 어려움에 처한 사람을 도와 보호함'의 뜻을 가진 '救護'입니다.

★ 연상되는 낱말 찾기 ★

구호, 고장, 경로당

★ 짧은 글짓기 ★

• 예 우리 가족은 내일이 공휴일이라 여행을 떠나기로 했다.
• 예 학부모들은 계절이 바뀌었다고 교실 대청소를 하기로 했다.
• 예 아빠는 주말에 동창회가 있어서 고향에 내려가기로 했다.

낱말 쌈 싸 먹기

★ 맞춤법 ★

삯월세 → 사글세

해설 '사글세'는 한자어인 '삭월세(朔月貰)'에서 비롯된 말이지만 현재는 '사글세'를 표준어로 인정하고 있습니다.

★ 띄어쓰기 ★

㉯

해설 '만큼'이 '앞의 내용에 상당하는 수량이나 정도임을 나타내는 말'의 뜻을 가진 의존명사로 쓰였으므로 앞말과 띄어 씁니다.

★ 관용어 ★

하늘

해설 그림은 오줌을 싼 이불에 물을 엎질러 오줌을 싼 사실을 덮으려 했지만 냄새가 나기 때문에 결국은 들통이 날 수밖에 없는 상황을 묘사한 것입니다. 이 상황에 어울리는 관용어에는 '손바닥으로 하늘 가리기'가 있습니다. 이 말은 어떤 문제가 발생했을 때 이를 근본적으로 해결하기보다는 일을 덮어 버리는 식으로 해결한다는 뜻입니다.

★ 한자어 ★

外交(외교), 訪韓(방한)

29회 | 128~130쪽

 ### 낱말은 쏙쏙! 생각은 쑥쑥!

★ 그림으로 낱말 찾기 ★

❶ 샌드위치 ❷ 피망 ❸ 설거지 ❹ 소시지 ❺ 수저

★ 낱말 뜻 알기 ★

❶ 숟가락, 젓가락 ❷ 조미료, 양념 ❸ 우유, 응고, 발효
❹ 과자, 가게 ❺ 그릇, 정리

★ 낱말 친구 사총사 ★

④

해설 샌드위치는 두 조각의 빵 사이에 갖가지 재료와 소스를 끼워 넣은 음식입니다. 따라서 '샌드위치가 되다'는 두 조각의 빵 사이에 껴 있는 형상을 비유적으로 일컬어 '이러지도 저러지도 못하는 처지가 되다.'라는 뜻입니다.

★ 연상되는 낱말 찾기 ★

소시지, 피망, 조리

★ 짧은 글짓기 ★

• 예 엄마는 샐러드를 자주 만들기 때문에 장을 볼 때 마요네즈를 빼놓지 않았다.
• 예 아빠는 바쁜 업무 때문에 종종 샌드위치로 점심을 해결했다.
• 예 우리 마을 제과점 아저씨는 신선도를 유지하기 위해 빵을 매일 두 차례씩 구웠다.

 ### 낱말 쌈 싸 먹기

★ 맞춤법 ★

예스러운

해설 '-스럽다'는 일부 명사 뒤에 붙어 그러한 성질이 있음을 뜻하는 접미사로, 관형사 '옛'과는 결합할 수 없습니다. 명사 '예'와 결합한 형태인 '예스럽다'가 올바른 표현입니다.

★ 띄어쓰기 ★

㉮

해설 '맨'은 '더 할 수 없을 정도나 경지'를 뜻하는 관형사로 뒷말과 띄어 씁니다.

★ 관용어 ★

손뼉

해설 그림은 좋아한다고 표현했는데 상대가 반응이 없어 답답해하는 상황을 묘사한 것입니다. 이 상황에 어울리는 관용어에는 '손뼉도 마주쳐야 소리가 난다'가 있습니다. 이 말은 무슨 일이나 상대가 같이 응하여야지 혼자서만 하여서는 잘되는 것이 아니라는 뜻을 담고 있습니다.

★ 한자어 ★

어부지리(漁父之利)

해설 • 순망치한(脣亡齒寒) : 입술이 없으면 이가 시리다는 뜻으로, 서로 이해관계가 밀접한 사이에 어느 한쪽이 망하면 다른 한쪽도 그 영향을 받아 온전하기 어려움을 이르는 말.
• 어부지리(漁父之利) : 두 사람이 이해관계로 서로 싸우는 사이에 엉뚱한 사람이 애쓰지 않고 가로챈 이익을 이르는 말. 도요새가 무명조개의 속살을 먹으려고 부리를 조가비 안에 넣는 순간 무명조개가 껍데기를 꼭 다물고 부리를 안 놔주자, 서로 다투는 틈을 타서 어부가 둘 다 잡아 이익을 얻었다는 데서 유래함.
• 정저지와(井底之蛙) : '우물 안 개구리'라는 뜻으로, 세상 물정에 어둡고 시야가 좁은 경우를 이르는 말.

30회 | 132~134쪽

낱말은 쏙쏙! 생각은 쑥쑥!

★ 그림으로 낱말 찾기 ★
① 착지 ② 구름판 ③ 곤봉 ④ 체조 ⑤ 철봉 ⑥ 장애물

★ 낱말 뜻 알기 ★
① 치료, 건강, 생명 ② 유익, 대책 ③ 멀리뛰기, 뜀틀
④ 공중, 땅바닥 ⑤ 방해, 사물

★ 낱말 친구 사총사 ★
③

해설 '평균대', '구름판', '착지'는 모두 체조를 할 때 사용하는 도구이거나 용어입니다. 따라서 다른 셋을 포함하는 큰 말은 ③ 체조가 됩니다.

★ 연상되는 낱말 찾기 ★
체조, 철봉, 곤봉

★ 짧은 글짓기 ★
• 예 우리는 근력을 키우기 위해서 학교 운동장에서 팔굽혀펴기를 하는 것이 좋다.
• 예 의지가 약한 사람은 지구력을 키우기 위해서 공원에서 달리기를 하는 것이 좋다.
• 예 아파트 주민들은 자전거가 장애물이 되지 않도록 베란다에 보관하는 것이 좋다.

 낱말 쌈 싸 먹기

★ 맞춤법 ★
맵씨 → 맵시

해설 '아름답고 보기 좋은 모양새'를 뜻하는 말은 '맵시'로 표기해야 합니다.

★ 띄어쓰기 ★
㉮

해설 '데'가 연결어미로 쓰일 때는 앞말과 붙여 씁니다.

★ 관용어 ★
강산

해설 그림은 오랜만에 고국에 와서 많은 것이 달라진 모습을 보고 있는 상황입니다. 이 상황에 어울리는 관용어에는 '십 년이면 강산도 변한다'가 있습니다. 이 말은 세월이 흐르게 되면 모든 것이 다 변하게 됨을 비유적으로 표현할 때 사용합니다.

★ 한자어 ★
危機(위기), 友情(우정)

가로·세로 낱말 만들기

01 회 | 15쪽
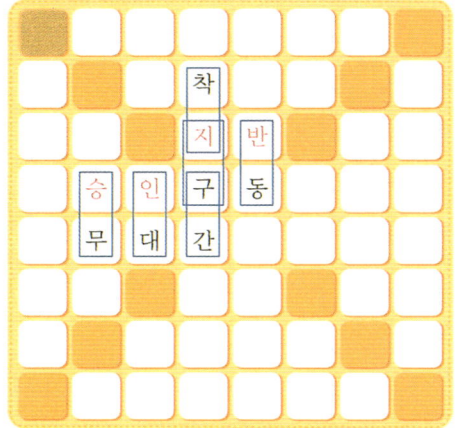

02 회 | 19쪽
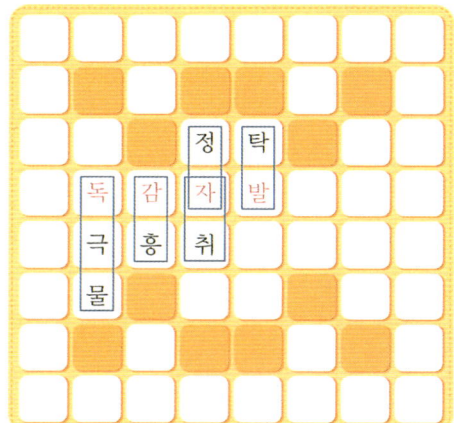

03 회 | 23쪽
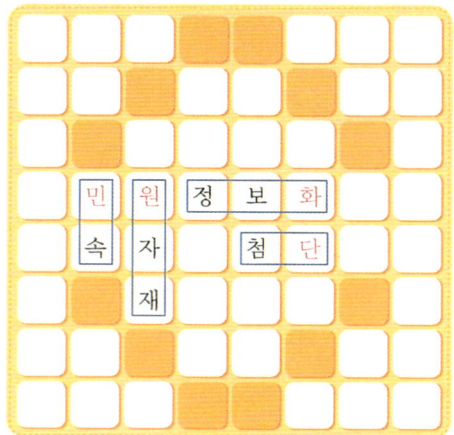

04 회 | 27쪽
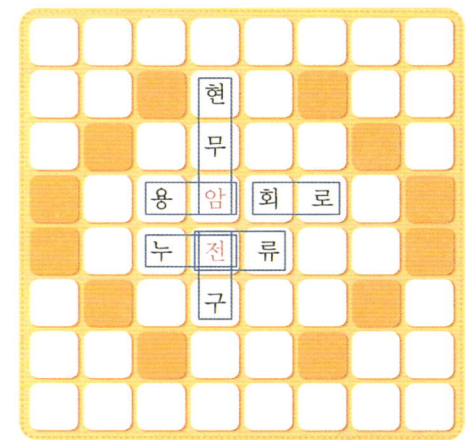

05 회 | 31쪽
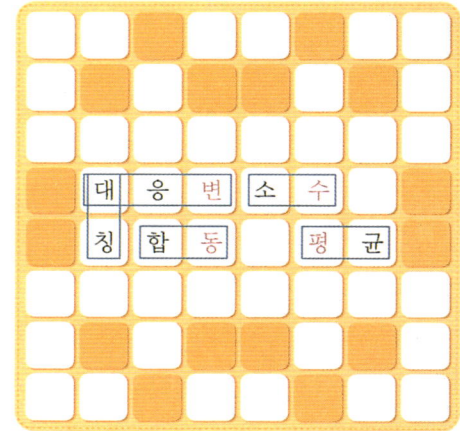

06 회 | 35쪽

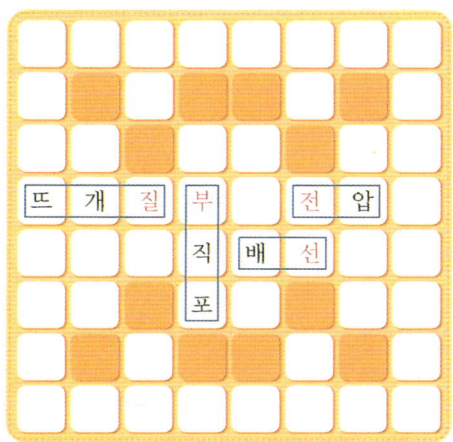

07회 | 39쪽

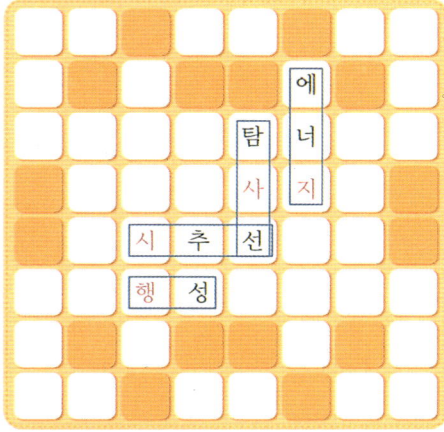

10회 | 51쪽

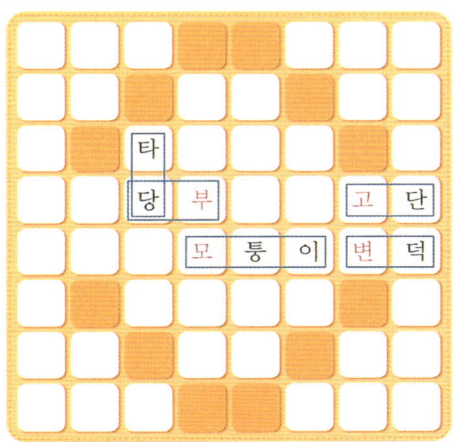

08회 | 43쪽

11회 | 55쪽

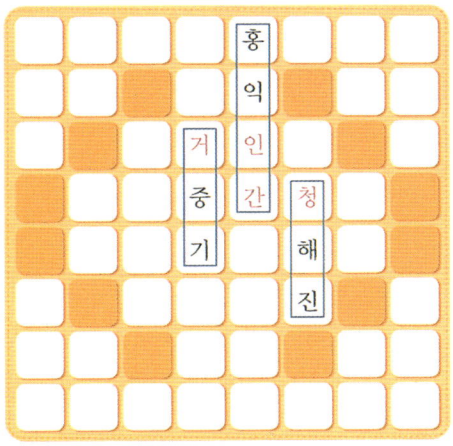

09회 | 47쪽

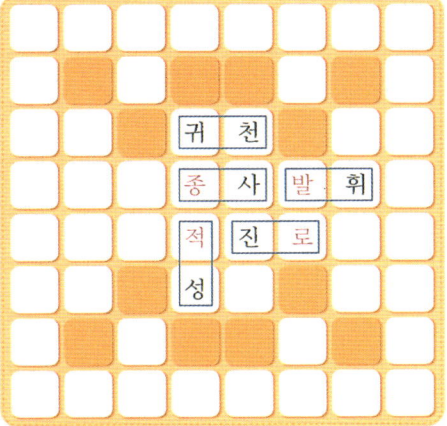

12회 | 59쪽

13 회 | 63쪽

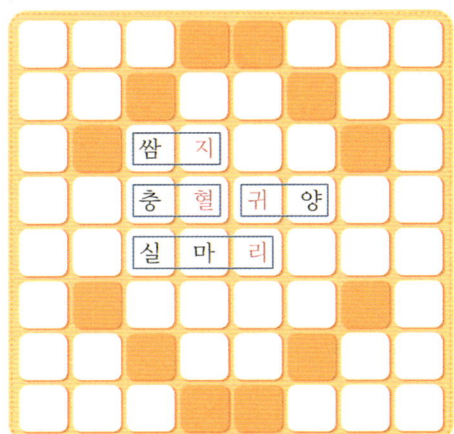

16 회 | 75쪽

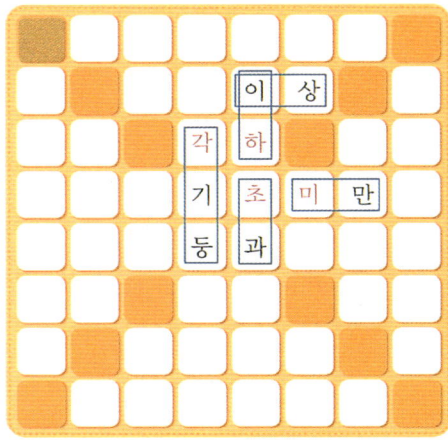

14 회 | 67쪽

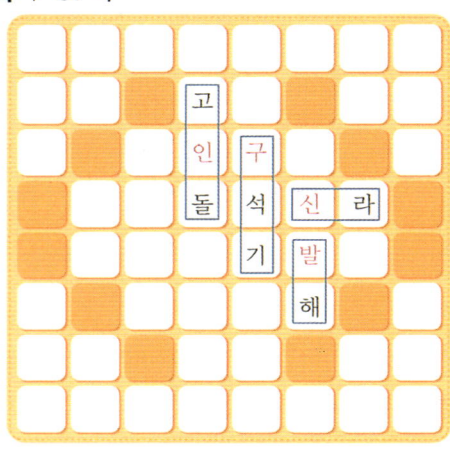

17 회 | 79쪽

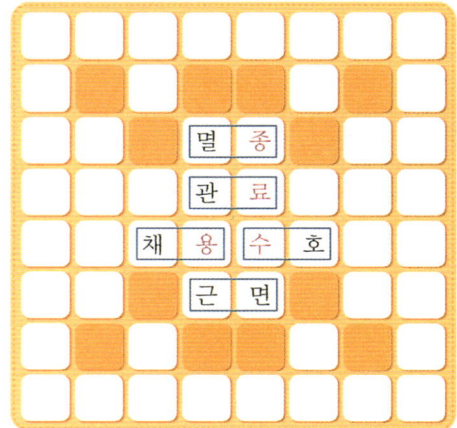

15 회 | 71쪽

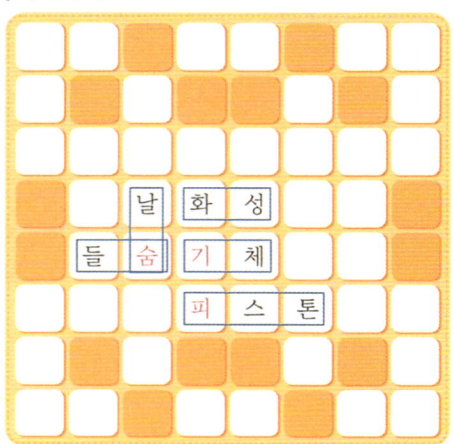

18 회 | 83쪽

19 회 | 87쪽

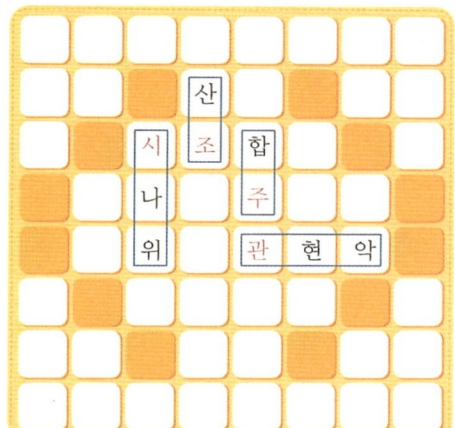

22 회 | 99쪽

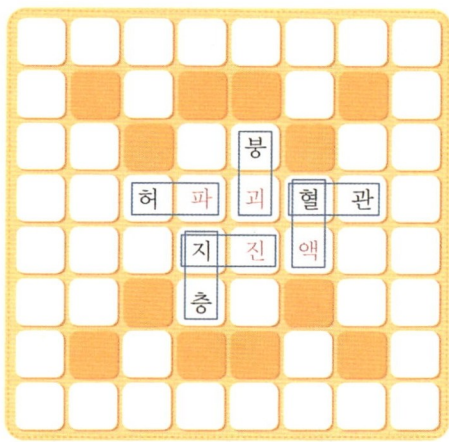

20 회 | 91쪽

23 회 | 103쪽

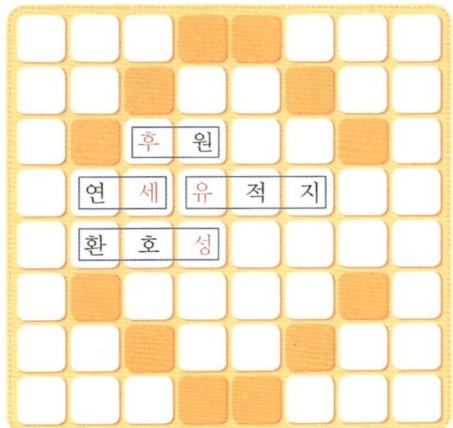

21 회 | 95쪽

24 회 | 107쪽

25회 | 111쪽

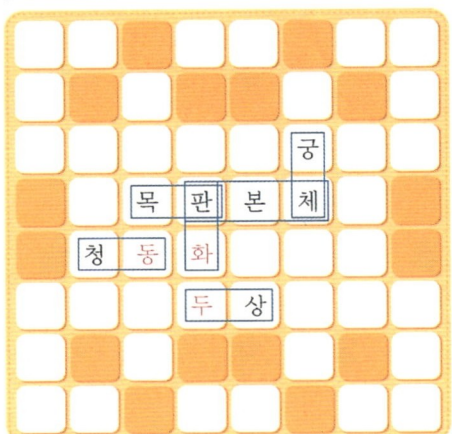

26회 | 115쪽

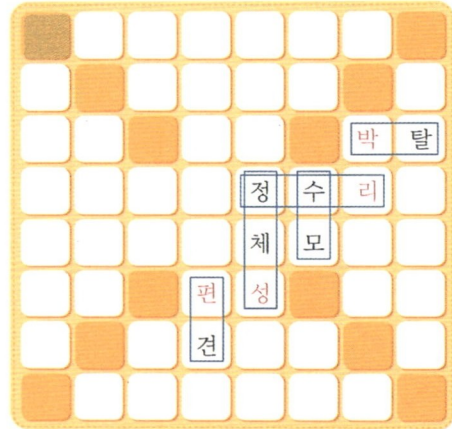

27회 | 119쪽

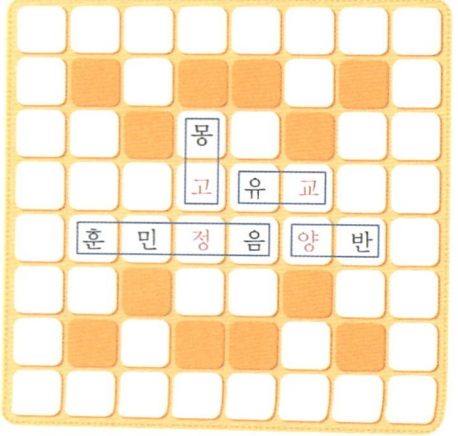

28회 | 123쪽

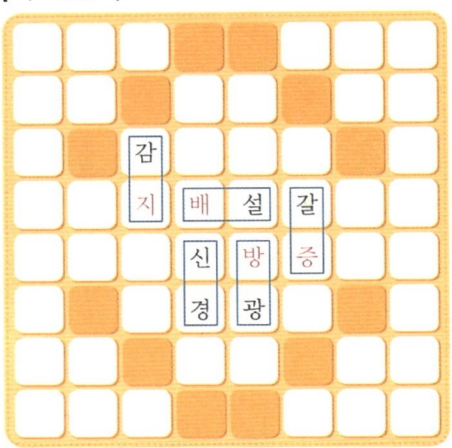

29회 | 127쪽

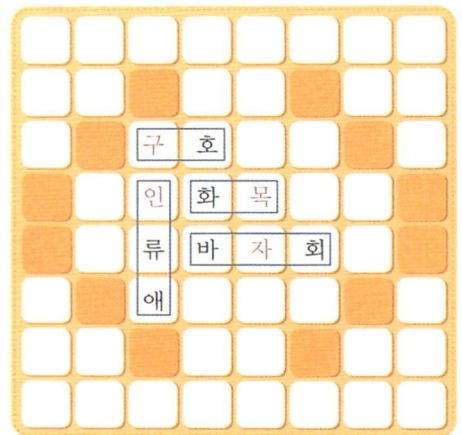

30회 | 131쪽

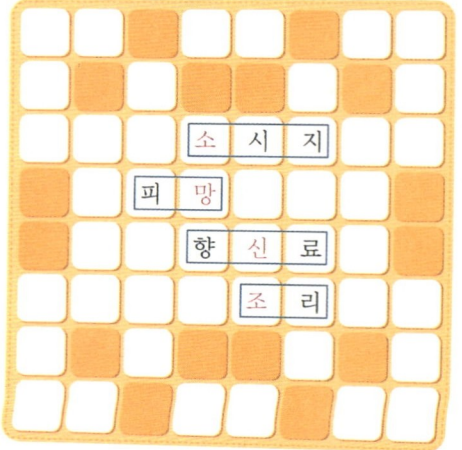